Original Title : Who Invented This?
Smart People and Their Bright Ideas
Written by Anne Ameri-Siemens
Illustrated by Becky Thorns
Original edition conceived, edited and designed by Little Gestalten
Edited by Robert Klanten and Maria-Elisabeth Niebius
Published by Little Gestalten, Berlin 2021
Copyright © 2021 by Die Gestalten Verlag GmbH & Co. KG
All rights reserved. No part of this publication may be used or reproduced in any form or
by any means without written permission except in the case of brief quotations
embodied in critical articles or reviews.
For the Korean Edition Copyright © 2021 by Saenggakuijip
Published by arrangement with Die Gestalten Verlag GmbH & Co. KG
through BC Agency, Seoul.

이 책의 한국어판 저작권은 BC 에이전시를 통한
저작권자와의 독점 계약으로 생각의집에 있습니다. 신 저작권법에 의해
한국 내에서 보호를 받는 저작물이므로 무단전재와 무단복제를 금합니다.

누가 발명했지?

초판 1쇄 발행 2021년 11월 8일
글 ★ 앤 아메리-시멘스
그림 ★ 베키 손스
옮긴이 ★ 김아림
펴낸이 ★ 권영주
펴낸곳 ★ 생각의집
디자인 ★ design mari
출판등록번호 ★ 제 396-2012-000215호
주소 ★ 경기도 고양시 일산서구 중앙로 1455, 409호
전화 ★ 070·7524·6122
팩스 ★ 0505·330·6133
이메일 ★ jip2013@naver.com
ISBN ★ 979-11-85653-82-2 (73500)

품명 어린이 도서	**제조년월** 2021년 11월
사용연령 4세 이상	**제조자명** 생각의집
제조국 대한민국	**연락처** 070-7524-6122
주소 경기도 고양시 일산서구 중앙로 1455, 409호	
주의사항 종이에 베이거나 긁히지 않도록 주의하세요.	
KC마크는 이 제품이 공통안전기준에 적합하였음을 뜻합니다.	

앤 아메리-시멘스는 이전에 독일 신문사 〈프랑크푸르터 알게 마이네 손타그스자이퉁〉과 〈쉬트도이체 차이퉁 매거진〉에서 일했고 독일 텔레비전 방송망에서도 일했습니다. 그녀는 독일 베를린에 살고 있습니다. 〈누가 발명했지?〉는 그녀의 첫 번째 어린이 책입니다.

베키 토른스는 〈세상의 모든 고래〉의 삽화가입니다. 이 책은 그녀는 2015년 영국 팔머스 대학에서 미술 전공을 졸업했고, 지금은 어린이 책, 문학 테마 작품, 그리고 서체 디자인을 전문으로 합니다. 그녀는 영국 남서부 콘월의 바다 근처에 삽니다.

옮긴이 김아림은 서울대학교 생물교육과를 졸업했고 동 대학원 과학사 및 과학철학 협동과정에서 석사학위를 받았어요. 대학원에서는 생물학의 역사와 철학, 진화생물학을 공부했어요. 과학을 넓은 관점에서 통합적으로 바라보는 일에 관심이 있어 출판사에서 과학 책을 만들다가 지금은 출판기획자 및 전문번역가로 활동 중이에요. 옮긴 책으로는 《괴물의 탄생》《뷰티풀 사이언스》《세포》《재난은 몰래 오지 않는다》《쓸모없는 지식의 쓸모》《별 보러 가자》 등이 있습니다.

Who invented this?
누가 발명했지?

똑똑한 사람들과 그들의 빛나는 생각들

앤 아메리-시멘스 지음
베키 손스 그림
김아림 옮김

생각의집

발명에 얽힌 뒷이야기를 알아봐요

　여러분의 집에 있는 많은 물건들은 한때는 하나의 아이디어에 지나지 않았죠. 방 안을 한번 둘러봐요. 책상 위에 책과 컴퓨터, 스마트폰, 포스트잇이 있어요. 이제 학교에 간다고 생각해 봐요. 자전거나 버스를 타고 갈 테고 신호등이 보이면 멈추겠죠. 주말에는 영화를 보러 가거나 축구를 하고 친구와 만나 아이스크림을 먹을지도 몰라요. 주변을 둘러보면 어디에나 세상을 변화시킨 발명품들이 보여요. 몇몇 발명품은 한 개인이나 연구팀이 실험실에서 여러 해 보내며 만든 결과물이죠. 반면에 일상적인 상황에서 떠올린 발명품도 있답니다. 아예 우연히 만들어진 발명품도 있고요. 이 책을 통해 역사를 거슬러 올라가며 사람들이 어떻게 머릿속 아이디어를 훌륭한 발명으로 바꾸었는지 알아보는 멋진 여행을 떠나요. 이런 사람들은 우연한 기회를 붙잡거나, 자기 아이디어에 대한 믿음을 버리지 않고, 새로운 무언가를 시도하는 용기를 가졌죠.

　이 책을 읽다 보면 '특허'라는 단어와 종종 마주치게 될 거예요. 특허는 법적으로 보호하는 제도랍니다. 누군가 무엇을 발명했을 때 나라에 특허 등록을 하면 그 발명이 자기 소유라는 사실을 분명히 할 수 있죠. 이렇게 하면 발명가의 허가 없이는 그 발명을 함부로 베끼거나 발명품으로 돈을 벌 수 없어요.

　그리고 각 이야기 맨 위에는 발명 연도가 실려 있어요. 발명가가 그 발명을 언제부터 생각해 냈는지 알 수 있죠. 몇몇 발명품은 굉장히 오래 되었답니다!

contents

4-7	자전거
8-9	타이어
10-11	내연기관
12-13	디젤엔진
14-17	신호등
18-21	사진기
22-25	영화
26-29	컴퓨터
30-31	월드와이드웹
32-35	주파수 도약 기술
36-37	벨크로
38-39	지퍼
40-41	청바지
42-43	축구화
44-45	탄산음료
46-47	치약
48-49	인스턴트라면
50-51	아이스크림 기계
52-53	수족관
54-55	소화기
56-59	플라스틱
60-61	하늘을 나는 기계
62-65	비행기
66-69	활판 인쇄
70-71	점자
72-73	포스트잇
74-77	방사능
78-81	현미경
82-83	백신
84-85	트랜지스터
86-87	마이크로칩
88-91	전구
92-93	교류 전기
94-97	일렉트릭 기타

자전거 1817년

카를 폰 드라이스는 1817년에 자전거를 발명해서 세상을 굴러가게 했어요. 당시의 자전거는 페달이 없었고 '달리기 기계'로 알려졌죠.

폰 드라이스의 발명품은 '드라이지네'라고 불렸고 나무 바퀴 2개가 달려 있었어요. '자전거의 아버지'라고 불릴 만한 장치였죠. 무게는 약 20킬로그램이었고 앞바퀴 위쪽에 조종 레버가 달렸어요.

드라이스는 1817년에 자기 발명품으로 14킬로미터 정도의 먼 거리를 처음 달렸다는 점을 자랑스러워했어요. 당시의 흔한 운송 수단이었던 역마차보다도 빨리 달렸죠. 드라이스의 자전거는 시속 15킬로미터까지 속도를 낼 수 있었어요.

19세기 말에는 '페니파딩'이라고 불리는 앞바퀴가 아주 큰 자전거가 만들어졌어요. 이 자전거에 올라타는 것 자체가 큰일이었죠. 이 자전거를 타려면 먼저 뒤를 밀어서 어느 정도 속도를 낸 다음 재빨리 잡아타야 했어요. 방향을 조종하는 것도 힘들었죠.

하지만 많은 사람들은 이 발명품을 보고 웃음을 터뜨렸어요. 타는 사람이 발로 땅을 구르며 달려야 자전거가 앞으로 나아갔으니까요. 사람들은 마치 모래 위에서 스케이트를 타는 것과 비슷하다고 놀렸어요. 그렇지만 머지않아 이 발명품을 좋아하는 사람들도 생겼죠. 몇몇 역사학자들은 1886년 카를 벤츠가 자동차를 발명하게 된 것도 드라이지네를 타 본 경험과 지식이 없이는 불가능했을 것이라고 생각해요. 그뿐 아니라 자전거의 발명은 바퀴살이 있는 바퀴나 공기 타이어 같은 기술적인 추가적인 발전을 가능하게 했어요.

1880년에는 이탈리아의 체조 코치였던 **알렉산더 조반니 바티스타 스쿠리**가 오늘날의 자전거와 무척 비슷한 자전거를 만들었어요. 핸들까지 달렸을 정도였죠. 오늘날에는 외발자전거도 꽤 인기 있는 취미에요. 반대 방향으로 달리거나 활강 경기를 하는 등 시합이나 경주도 하죠.

이제 다시 최초의 자전거로 돌아가 보죠. 런던에 살던 **데니스 존슨**은 앞바퀴의 진행 방향을 조종할 수 있도록 폰 드라이스의 발명품을 개량했어요. 그래도 여전히 페달은 없었지만요. 이 모델은 벨로시페드라고 불렀고 '멋쟁이 말'이라는 별명이 붙었어요. 우아한 상류층 사람들의 말이라는 뜻이었죠. 파리에서는 1860년대에 피에르 미쇼가 페달이 달린 최초의 자전거를 만들었어요. 이 자전거는 타는 사람의 발과 다리에서 나오는 에너지를 보다 효율적으로 활용했죠. 1870년대 후반에는 앞바퀴와 뒷바퀴의 크기가 같은 '안전 자전거'가 만들어졌어요. 자전거의 역사에서 가장 중요한 발전이었죠.

곧 자전거를 타는 여성에게
필요한 특별한 옷이 만들어졌어요.
무거운 드레스나 코르셋 대신 가랑이가 둘인
치마바지나 통이 넓은 바지가 등장했죠.

이 모델에는 페달이 달렸는데 이 페달은 뒷바퀴를 이끄는 체인과 연결되었어요. 이때부터 자전거는 엄청난 인기를 끌기 시작했어요. 오늘날 전 세계적으로 매년 1억 대 넘는 자전거가 생산되고 있답니다.

최초의 자전거 경주는 1868년 5월 31일 파리에서 열렸어요. '투르 드 프랑스'라 불리는 이 경주는 세계에서 가장 유명한 자전거 대회이고, 올림픽과 월드컵 다음으로 가장 규모가 큰 체육 행사에요. 결승 경기는 파리의 샹젤리제에서 열리죠. 새로운 기록을 세우기 위해 물속에서 자전거를 타는 사람도 있어요. 이렇게 하려면 바퀴에 무거운 추를 달아야 하죠.

1960년대에 미국 젊은이들은 자전거를 탄 채 점프를 하거나 여러 기술을 부리는 데 익숙해졌어요. BMX(바이시클 모터크로스) 자전거를 만든 거죠. 이 자전거로는 울퉁불퉁한 들판을 달리거나 계단을 오르락내리락할 수 있고 물이 없는 수영장 속에서도 달릴 수 있어요. 오늘날에는 널찍한 BMX 파크와 실내 체육관이 생겼으며 BMX 경주는 2008년 이후로 올림픽 종목으로 선정되었죠.

자전거 타는 사람들을 위한 헬멧은 이미 100년 전부터 만들어졌어요. 처음에는 사람이 떨어져도 머리를 보호하도록 겉은 가죽이고 충전재로 속을 채워 넣었죠. 하지만 이런 헬멧은 얼마 지나지 않아 안이 뜨거워지기 때문에 오늘날의 헬멧은 공기가 통할 구멍이 뚫려 있어요. 많은 나라에서는 자전거를 타려면 꼭 헬멧을 써야 하죠.

덴마크는 자전거 타는 사람들에게 특별히 살기 좋은 나라예요. 10명 중 9명이 자전거를 가졌죠.

타이어

공기가 채워진 고무 타이어를 사용하면 울퉁불퉁한 도로도 편안하게 달릴 수 있어요.
나무나 금속에 비하면 고무는 지면을 꽉 붙드는 특성이 있죠.

스코틀랜드의 수의사인 **존 던롭**은 분명 공기를 채운 타이어에 대한 특허를 낼 계획이 없었을 거예요. 다만 세발자전거 경주에서 꼴등을 하던 아들 조니를 돕고 싶었을 뿐이었죠. 이 발명품을 내놓기 전에는 자전거를 타 본 적이 없던 던롭이었지만 타이어의 재료로 고무에 눈독을 들이고 있었어요.

던롭은 이미 수의사로 진료를 하면서 여러 장치의 부품으로 고무를 사용한 적이 있었죠. 이 경험 덕분에 던롭은 아이디어가 하나 떠올랐어요. 얇은 고무 조각 여러 개를 붙여서 튜브를 만들어 조니의 세발자전거에 끼우는 거였죠. 던롭은 캔버스로 튜브를 감싼 다음 펌프질을 했고 공갈 젖꼭지를 마개로 활용했어요. 그 결과는 놀라웠죠! 조니가 당장 다음 번 자전거 경주에서 1등을 한 거예요.

새 타이어 덕분에 조니는 그 다음 경주에서 1등을 했어요!

존 던롭

자전거 정비공이었던 에들린은 던롭과 함께 일하며 타이어가 품질이 좋은지 시험했어요. 타이어는 시험을 통과했죠. 그래서 에들린은 타이어를 끼우고 온 동네를 돌아다녔지만 너무 빠르게 달렸다는 이유로 경찰이 그를 막아 세웠답니다.

로버트 윌리엄 에들린

이 사실은 던롭의 호기심을 자극했어요. 이 아이디어를 좀 더 발전시키면 어떨까? 던롭은 **윌리엄 에들린**이라는 자전거 정비공과 힘을 합쳤어요. 그리고 때마침 자전거 선수 한 사람이 공기를 넣어 부풀린 고무 타이어를 사서 사용했죠. 이 선수가 몇몇 경주에서 우승을 거두자 이제 소문이 돌기 시작했어요. 그 결과 얼마 되지 않아 던롭의 타이어를 찾는 사람이 밀려들었답니다. 공기를 넣는 타이어는 던롭보다 40년 전에 이미 스코틀랜드의 발명가 로버트 윌리엄스가 제작해 특허를 냈죠. 하지만 이 사실은 그동안 무시되었어요. 오늘날 우리는 공기를 채운 타이어로 옛날보다 훨씬 빠르게 여행할 수 있어요. 거의 모든 자동차와 자전거에 공기를 채운 타이어가 장착되었죠.

최초의 바퀴는 나무로 된 원반에서 비롯했어요. 이 원반은 무척 성능이 좋았죠. 무려 약 5,000년 전부터 존재했답니다. 이 원반 바퀴를 누가 발명했는지, 언제 이 물건이 사용되었는지는 알 수 없어요. 사람들이 바퀴를 생각해 냈다는 건 정말 다행이었죠. 바퀴가 없었다면 오늘날의 자전거도, 스케이트보드도, 자동차도 없었을 테니까요.

내연기관

1860년

오늘날 전 세계적으로 10억 대도 넘는 자동차가 있어요. 여러분도 매일 수많은 자동차를 마주할 거예요. 이 자동차가 어떻게 발명되었는지 궁금하지 않나요?

1900년에는 뉴욕에 10만 마리도 넘는 말이 있었어요. 당시에는 말이 주된 운송 수단이었죠. 그래서 날마다 길거리에 1,250톤이나 되는 말똥이 떨어졌답니다!

니콜라우스 아우구스트 오토는 여기저기 여행을 많이 다닌 상인이었어요. 이동할 때는 당시에 으레 그랬듯 말이 끄는 마차를 타고 다녔죠. 상인 출신인 오토가 기술 분야에 관심을 돌릴지는 아무도 몰랐을 거예요. 어쩌면 꽤 오랫동안 출장을 다니는 일이 잦은 탓에 일을 보다 빨리 끝내고 싶었는지도 모르죠. 어쨌든 오토는 동력으로 움직이는 탈것을 어떻게 하면 만들 수 있을까 오랫동안 깊게 고민했어요. 아마도 오토는 1860년대에 벨기에의 발명가 **에티엔 르누아르**가 개발했던 기체와 공기로 움직이는 엔진에 대해 들어봤는지도 몰라요. 오토는 몇 년 동안 혼자서 끙끙거리다가 또 다른 발명가인 에우겐 랑겐을 알게 되었어요. 두 사람은 1864년에 세계 최초의 내연기관 공장을 설립했죠. 3년 뒤 이들은 파리 박람회에 '피스톤이 자유롭게 움직이며 기체로 동력을 얻어 작동하는 기관'을 내놓았어요. 이 장치에 특별한 점이 있다면 다른 엔진보다 기체가 훨씬 덜 들어갔다는 것이죠. 하지만 오토는 야망이 커서 여기서 멈추지 않고 가솔린과 공기의 혼합물로 작동되는 내연기관을 설계하기에 이르렀어요. 이것을 오토 엔진이라 부르죠. 오늘날 이 엔진 가운데 4행정식 기관은 자동차와 선박에, 2행정식 기관은 오토바이, 모터 달린 자전거, 잔디 깎는 기계에 사용된답니다.

에티엔 르누아르

1863년에 르누아르가 '르누아르 엔진'으로 달리는 바퀴 3개짜리 히포모빌을 만들어 9킬로미터를 달렸어요.

1885년에는 오토 엔진을 바탕으로 기술자인 고틀리프 다임러와 엔진 설계자 빌헬름 마이바흐가 내연기관으로 달리는 최초의 탈것을 만들었어요. 두 사람은 바퀴가 2개 달린 이 탈것을 '라이트바겐'이라 불렀죠. 라이트바겐은 최초의 오토바이라고 할 수 있어요.

그로부터 얼마 지나지 않아 바퀴 4개가 달린 최초의 모터 4륜차가 등장했죠. 처음에는 레버로 방향을 조종했어요.

오토 엔진은 2행정식 기관이든 4행정식 기관이든 1분에 수백 번의 작은 폭발을 일으키며 작동되었어요. 그리고 다양한 부품을 통해 이 폭발의 효과가 자동차를 움직이는 데 활용되죠. 그 과정은 다음 그림과 같아요.

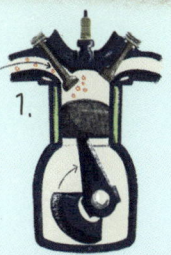
1. 흡입 : 흡입 밸브가 열리고 피스톤이 아래로 움직여요. 그러면 안쪽 공간에 공기와 연료가 가득 차죠.

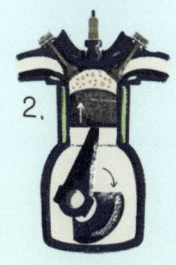
2. 압축 : 흡입 밸브가 닫혀요. 이제 공기는 밖으로 빠져나가지 못해요. 피스톤이 올라가면서 공기와 연료의 혼합물을 압축해요.

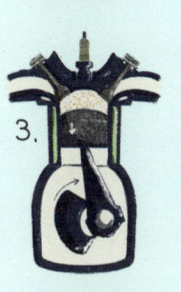
3. 연소와 운동 : 혼합물에 불꽃이 점화되고 불이 붙죠. 팽창하는 기체에서 오는 압력이 피스톤을 다시 아래로 내려요.

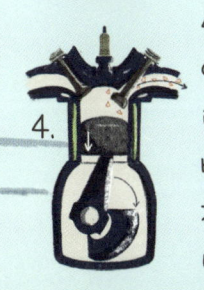
4. 배기 : 피스톤이 가장 낮은 위치에 닿으면 배기 밸브가 열려요. 그러면 피스톤은 위쪽으로 이동하고 배기가스가 실린더 밖으로 빠져나가죠. 이제 이 전체 과정이 처음부터 반복돼요.

니콜라우스 아우구스트 오토

디젤엔진

독일의 기술자 루돌프 디젤은 내연기관의 성능을 더 개선하려고 애썼어요.
이전 엔진보다 연료를 덜 쓰게 만들고 싶었죠.

1897년 **루돌프 디젤**은 20마력을 낼 수 있는 엔진을 개발하는 데 성공했어요. 이 엔진이 가진 새로운 특징은 스스로 점화된다는 것이었죠. 그렇게 하려면 강력한 압축을 통해 엔진 속에서 공기가 수백 도까지 뜨겁게 덥혀져야 했어요. 그러면 연료가 주입되었을 때 저절로 점화되었죠. 다른 기술자들은 이런 엔진을 만들기가 불가능하다고 여겼고 디젤을 몽상가라고 여겼어요. 그랬던 만큼 실제로 성공을 거둔 디젤은 승리자였죠. 이후로 디젤은 사업에서 엄청난 성공을 거둬 백만장자가 되었어요. 그리고 자기가 만든 디젤엔진을 더 발전시켜 다른 분야에서 활용할 방법을 찾기 시작했죠. 디젤은 전 세계를 돌아다니며 디젤엔진을 사용해도 된다는 라이선스를 판매했어요. 하지만 몇 년이 지나 디젤에게도 불운이 닥쳤죠. 배를 타고 여행하다가 바다에 떨어졌고 구조를 받지 못했던 거예요. 어떻게 이런 사고가 났는지는 아직 확실히 몰라요.

오늘날에도 엔진은 꾸준히 개선되고 있어요. 영화에서도 그 과정을 볼 수 있죠. 영국의 비밀요원 캐릭터인 제임스 본드가 나오는 영화를 보면, 본드가 엄청나게 빠른 자동차를 타고 달려요. 이 자동차는 잠수함으로 변신하기까지 하죠. 그리고 지난 50년 동안 영화에서 내연기관이 달린 자동차를 타고 다니던 본드는 마침내 전기자동차로 탈것을 바꿨어요! 오늘날 점점 더 많은 운전자들도 전기자동차를 선택하고 있죠.

루돌프 디젤

비행기와 로켓을 움직이게 하는 엔진 또한 연료의 연소를 통해 작동하죠. 이 엔진에는 액체나 고체 연료가 들어가요. 하지만 연소 결과 나오는 기체는 피스톤을 움직이지 않아요. 그 대신 엄청난 압력 아래 한쪽 방향으로 발사되죠. 그러면 비행기가 날고 로켓이 땅 위로 솟아올라요.

디젤엔진이 발명된 덕분에 오늘날에는 아주 빠른 자동차를 만들 수 있게 되었어요. 하지만 동물계의 몇몇은 몸에 놀라운 자연 '엔진'을 가졌죠. 가장 빠른 육상동물인 치타는 최대 속도가 시속 113킬로미터까지 올라가요. 바다에서는 청상아리가 시속 56킬로미터까지 빠른 속도를 내죠.

신호등

1868년

여러 자동차들이 동시에 교차로에 들어서면 어느 차가 먼저인지 확실하지가 않죠. 그러면 위험해지기 마련이에요. 그래서 누가 멈추고 누가 가야할지 알려주는 신호등이 필요하답니다.

비록 신호등은 나라마다 다르게 생겼지만 한 가지는 모두 같아요. 빨간불은 멈추라는 뜻이고 초록불은 가도 좋다는 뜻이죠.

최초의 신호등은 1868년에 런던에서 만들어졌어요. 당시 신호등은 손으로 작동되었죠. 경찰관이 그림처럼 신호 장치의 팔 부분을 움직이면 차들은 멈추고 보행자는 안전하게 길을 건널 수 있었어요. 밤에는 이 팔에 빨간색이나 초록색으로 빛이 들어왔죠.

여러 발명가들이 전자 장비로 교통 신호 시스템을 작동하려고 시도했어요. 그 가운데는 미국의 경찰관인 **윌리엄 포츠**도 있었죠. 포츠는 빨간불과 초록불로 멈춤, 출발 신호를 내리는 것 말고도 그 중간 단계인 노란불도 필요하다고 생각했어요.

노란불은 출발 신호와
멈춤 신호의
중간 단계예요.

윌리엄 포츠

개릿 모건

1920년대에는 아프리카계 미국인 발명가인 **개릿 모건**이 자동 신호등을 만들었죠. 이 신호등은 알파벳 T자 모양으로 생겼고 멈춤과 출발 신호를 갖췄어요. 모건은 신호등에 대한 특허를 캐나다와 영국에 팔았고 다른 사업에서도 성공을 거뒀죠. (또한 모건은 방독면과 헤어 스트레이트 크림도 발명했어요.) 그렇게 점점 더 많은 신호등이 세워질수록 교통정리를 하다가 죽거나 부상을 당하는 경찰관의 수는 줄어들었죠. 교차로 한가운데에 서서 교통정리를 하는 건 무척 위험해서 경찰관들 가운데 상당수가 꺼리는 일이었어요.

오늘날 신호등은 어떻게 작동할까요? '신호 시간 계획'에 따라 빨간불이나 초록불이 얼마나 오래 지속될지 정하고 교통이 얼마나 붐비는지에 따라 신호 시간을 조정해요. 감응 장치가 교통의 양에 따라 신호가 바뀌도록 통제하죠. 이 장치는 도로 표면 아래에 깔린 전기가 흐르는 전선으로 구성되었어요. 신호등 앞에서 자기장을 발생시켜서 자동차들이 기다리고 있다는 사실을 알아내는 장치죠.

적외선 감지기로도 신호등을 조종할 수 있어요. 작은 카메라처럼 생긴 이 감지기는 주변 교통의 흐름을 인식하죠. 그래서 기다리고 있는 자동차를 감지하면, 도로에 자동차가 얼마나 많은지에 따라 초록불과 빨간불의 구간을 늘리거나 줄여요. 교통의 흐름이 방해를 받지 않고 흐르게 하고 자동차와 보행자들이 지나치게 오래 기다리지 않도록 하죠. 대도시에는 교통 통제 센터가 있어서 위험한 건널목을 비디오카메라로 지켜봐요. 초록불이 좀 더 오래 지속되어야 하는 상황에서는 경찰관이 버튼을 한 번 눌러 해결하죠.

1933년에 코펜하겐에서 보행자를 위한 최초의 신호등이 설치되었어요. 오늘날에는 자전거 타는 사람을 위한 신호등도 있죠.

녹색 신호등은 모든 나라가 같은 녹색을 사용하는 건 아니예요. 일본 신호등은 빨간색, 노란색, 그리고 푸르스름한 초록색(청록색)이죠.

몇몇 나라에서는 건널목 신호등에 특별한 무선 장치가 달렸어요. 응급 차량이 지나갈 때 이 장치에서 신호를 받을 수 있죠. 차량 속 장비에서 신호를 보내면, 자동 변환 프로그램을 통해 차량이 달려가는 동안 초록불만 받도록 조정하죠. 그리고 차량이 지나가면 변환 프로그램은 알아서 꺼져요.

아이슬란드 북부의 도시 아쿼레이리에는 몇 년 전부터 빨간색 멈춤 신호등이 하트 모양이에요. 당시 자기 직업이나 미래에 대해 걱정하는 사람이 많았던 시절이라서 시장이 사람들에게 기운을 북돋우려고 이렇게 만들었어요.

각 나라별로 보행자 신호등 속 사람 모양이 달라요. 여자들만 있기도 하고 커플이라든지 우산을 든 작은 사람 같은 다양한 캐릭터가 등장하죠.

17세기 사진기

오늘날 우리는 디지털 카메라나 스마트폰으로 간편하게 사진을 찍어요.
클릭 한 번이면 사진을 찍을 수 있죠.
하지만 우리가 이런 즐거움을 누리기 위해서는 여러 발명가들의 아이디어가 필요했답니다.

최초의 사진은 노출 시간이 8시간이나 되었어요! 사진이 흐리게 보이지 않기 위해 그렇게 오랜 기간 가만히 있어야 했던 거죠.

'사진'을 뜻하는 단어인 'photograph'는 '빛으로 그리기'라는 의미의 그리스어에서 왔어요. 사진기나 사진 기법을 발명한 사람을 한 명 콕 집어 말하기는 힘들어요. 수백 년 동안 많은 사람들이 자기 생각을 덧붙이고 실험을 하면서 조금씩 공을 세웠기 때문이에요.

사진 기술이 발전하는 과정에서 한 가지 중요한 단계는 '어두운 방'이라는 뜻을 가진 '카메라 옵스큐라'였어요. 이것은 빛을 차단하는 상자였으며 바늘구멍 사진기라고도 불렸죠.

조세프 니세포르 니에프스

아직까지 남아 있는 전 세계에서 가장 오래된 사진은 어떤 방에서 바라본 풍경이에요. 19세기에 프랑스의 발명가 **니세포르 니에프스**가 찍은 사진이죠. 니에프스는 사진 기법을 '헬리오그래피'라고 불렀어요.

바라보는 눈의 반대편으로 빛이 구멍을 통해 들어오면, 구멍 앞쪽에 있는 사물의 앞뒤가 뒤집힌 상을 볼 수 있었어요. 이 기술에 대해서는 약 2,400년 전 그리스의 철학자이자 과학자였던 **아리스토텔레스**가 처음으로 설명했죠.

17세기에는 렌즈를 활용한 휴대 가능한 상자가 만들어졌는데 이것은 아날로그 사진기의 고조할머니쯤 되었어요. 오늘날까지도 꽤 많은 사진가들이 이 장치로 사진 찍기를 즐겨요. 이 사진기를 사용하려면 필름 한 통이 필요하죠.

아리스토텔레스

루이 다게르

선명한 사진 한 장을 얻기 위한 그 다음 중요한 단계는 프랑스의 화가이자 발명가였던 **루이 다게르**에 의해 이뤄졌어요. 다게르는 얇은 금속판에 상이 맺히는 기법을 처음 생각해 냈죠.

19

사진의 진화 과정에서 중요한 한 단계는 영국의 **발명가 윌리엄 헨리 폭스 톨벗**이 만든 음화(네거티브)의 발명이었어요. 이 기술 덕분에 한 장의 음화로 여러 장의 사진을 만들 수 있었죠. 여러분도 음화를 한 번쯤은 본 적이 있을 거예요. 밝은 부분과 어두운 부분이 뒤바뀐 작은 필름 이미지죠.

윌리엄 헨리 폭스 톨벗

미국의 발명가 **조지 이스트먼**은 사진 기술을 보다 단순하게 발전시킬 많은 아이디어를 갖고 있었어요. 예컨대 고생스럽게 어두운 곳에서 미리 준비하지 않아도 되도록 사진 건판을 개발했죠. 이 건판을 챙기기만 하면 되었어요. 또 이스트먼은 사진 필름도 발명했어요. 무척 무거웠던 데다 빛이 들어오지 않는 천막에 들어가 즉각 현상해야만 했던 불편한 유리판을 이 필름이 대체했죠. 예전에는 1개의 건판으로 사진 1장을 찍었지만 필름이 있으면 100장은 찍을 수 있었어요. 그로부터 얼마 되지 않아 이스트먼은 휴대용 사진기를 만들었어요. 이 휴대용 사진기에 비하면, 건판을 사용하는 예전 사진기는 거의 전자레인지 만했어요.

조지 이스트먼

데이비드 폴 그레그

그레그의 사진기로 몇 분 동안 투명한 디스크에 사진을 저장할 수 있었죠.

1963년에 미국 캘리포니아주의 스탠포드 대학교에서 일하던 엔지니어였던 **데이비드 폴 그레그**는 전자적으로 사진을 저장할 수 있는 최초의 사진기를 발명했어요. 처음에는 사진을 저장하는 데 몇 분이 걸렸지만, 그래도 당시 비디오디스크 카메라라고 불렸던 이 기술은 사진 기술의 또 다른 큰 발전을 가져왔어요.

1969년에는 캐나다의 물리학자인 윌러드 보일과 그의 미국인 동료였던 조지 엘우드 스미스가 사진을 디지털로 저장할 수 있는 칩인 CCD를 개발했죠. 그로부터 4년이 지나 최초의 디지털 사진기가 시장에 나왔어요. 이 사진기는 무게가 거의 4킬로그램이나 나갔고 해상도 100×100화소로 사진을 찍을 수 있었죠. 오늘날의 디지털 사진기는 2,000만 화소가 넘는답니다.

영화 1872년

지금으로부터 약 100년 전, 한 영화관에서 영화가 처음 상영되었죠.
관객들은 자리에서 펄쩍 뛰어올랐어요.
신이 나서가 아니라 무서웠기 때문이었죠!

오귀스트 뤼미에르와 루이 뤼미에르

프랑스 파리에서 초창기의 영화 한 편이 관객들 앞에 등장했을 때였죠. 사람들은 열차가 자기들 쪽으로 달려든다고 생각해서 놀라 아우성쳤어요. 열차가 관객석을 덮칠 것만 같아서 두려움에 떨었죠. 스크린에 상영되는 영화를 보는 것은 새롭고 압도적인 경험이었어요. 이 영화는 필름 사진기와 영사기를 둘 다 사용하는 촬영 기술로 상영되었어요. 렌즈와 빛을 만나게 해서 스크린에 영상을 띄우는 장치였죠. 이 장치는 **오귀스트 뤼미에르와 루이 뤼미에르 형제**에 의해 설계되었어요. 이 형제는 1895년 2월 13일에 특허를 받았죠. 형제는 이 기술을 이용해 영화관을 만들고 많은 관객에게 영화를 보여 줄 기회를 갖게 되었어요. 당시에 다른 많은 발명가들도 사진을 영화로 발전시킨다는 아이디어에 매혹되었죠. 독일의 막스와 에밀 스클라다노프스키 형제도 영사기를 하나 만들고 비오스코프라 불렀어요. 이들이 가장 처음 만든 영화는 「권투하는 캥거루」였죠. 어떤 영화인지 인터넷에서 한번 찾아봐요. 여러분도 깜짝 놀라서 자리에서 벌떡 일어날지도 몰라요!

막스 스클라다노프스키와 에밀 스클라다노프스키

와, 이 캥거루는 권투를 잘 할뿐만 아니라 헤드록 기술도 대단하네요!

릴랜드 스탠퍼드

에드워드 머이브리지

스탠퍼드의 생각이 맞았어요.
말들이 달리는 동안 4개의 발굽은
전부 땅에서 떨어져 있죠.

최초의 영화는 어떻게 만들어졌을까요? 스탠퍼드 대학교의 창립자이자 말 사육사였던 **릴랜드 스탠퍼드**는 말이 달릴 때 발굽 4개가 전부 땅에서 떨어지는지 아닌지 알고 싶었어요. 1872년의 일이었죠. 그러다가 1878년에 스탠퍼드는 사진사인 **에드워드 머이브리지**에게 실험 하나를 부탁했어요. 머이브리지는 12개의 사진기를 설치하고 땅에 깔린 전선으로 각각의 사진기가 작동하도록 했어요. 이렇게 해서 시간 순서대로 여러 장의 사진을 찍었고, 이 사진을 한데 모은 결과 말의 움직임을 살필 수 있었죠. 이것이 시작이었어요. 머이브리지에게는 영사기가 없었던 대신 '주프락시스코프'라는 장치를 직접 만들어서 '움직이는 말'을 순서대로 볼 수 있었어요. 이 장치는 옆면에 여러 개의 틈새가 있는 금속 틀처럼 생겼고 사진이 그 안에 붙어 있었어요. 틈새를 통해 보면서 금속 틀을 회전시키면 사진이 빠르게 돌아가면서 하나의 움직임으로 합쳐졌죠. 마치 말이 진짜로 달리는 것처럼 보였어요. 여러분도 집에서 한번 해 보세요!

스코틀랜드의 발명가 **윌리엄 딕슨**은 1인용 영화 기계를 만들고 '키네토스코프'라 불렀죠. 작은 구멍으로 한 사람만 영화 필름을 볼 수 있었어요. 역시 딕슨이 발명한 '키네토그래프'라는 사진기로 찍은 영화였어요. 1894년에는 미국 뉴욕의 브로드웨이에서 키네토스코프 상영 공간인 살롱이 만들어졌죠. 곧 이런 살롱은 더 많이 문을 열었고 독일에도 만들어졌어요.

하지만 아주 큰 문제가 하나 있었죠. 이 초창기의 영화에는 소리가 없었다는 거예요. 한때 미국의 발명가 토머스 앨바 에디슨과 일했던 딕슨은 살롱에 축음기를 들여 문제를 해결하려 했어요. 축음기로 소리를 녹음했다가 들려주었던 거죠. 에디슨은 이미 1877년 12월 24일에 이 '말하는 기계' 축음기에 대한 특허를 출원한 상태였어요. 맞아요, 발명가들은 남들이 노는 휴일에도 계속 일한답니다!

윌리엄 딕슨

오늘날의 영화는 특수 효과와 컴퓨터 애니메이션, 배우들에게 지불하는 출연료 때문에 큰돈이 드는 산업이 되었죠. 지금껏 만들어진 영화 가운데 제작비가 가장 비쌌던 영화 두 편을 꼽자면 「캐리비안의 해적: 세상의 끝에서」 (약 3억 7,000만 달러)와 「스파이더맨」 (약 2억 8,600만 달러)이랍니다.

영화 관련 기술은 계속해서 발전되고 있어요. 오늘날에는 영화관이든, 집이든 원하는 곳에서 언제든 영화를 한 편 보는 게 당연한 일상이 되었죠.

컴퓨터

1834년

오늘날에는 어디에든 컴퓨터가 있어요. 자동차에도 있고 세탁기에도 있죠. 컴퓨터를 통해 공장에서 기계들이 돌아가고 스마트폰이나 태블릿의 앱이 작동하죠.

데이터는 종이에 패턴을 이루는 구멍들을 뚫어 기록되었어요.

컴퓨터의 조상이 어떤 모습인지 보려면 19세기로 거슬러 올라가야 해요. 영국의 수학자인 찰스 배비지가 프로그래밍 된 계산 기계를 처음으로 만들었죠. 1830년대에 배비지는 '해석 기계'를 설계했는데 이 기계는 길이와 높이가 몇 미터에 이르고 수만 개의 톱니바퀴와 디스크, 나사로 이뤄졌어요. 배비지는 이 톱니바퀴와 장치를 작동시키기 위해 증기기관을 활용할 생각이었죠. 오늘날의 컴퓨터와 마찬가지로 이 기계는 수치와 데이터 단위를 저장해 처리하고 복잡한 수학 방정식을 풀 수 있었어요.

그리고 이 기계에 장착한 최초의 프로그램을 만든 사람은 영국의 귀족 출신인 **에이다 러블레이스**였죠. 러블레이스는 수학 천재였고 해석 기계가 얼마나 엄청난 잠재력과 가능성이 있는지 알아봤어요. 그래서 이 기계에 사용하기 위해 프로그래밍 된 펀치카드를 여러 개 만들었죠. 러블레이스는 이 업적으로 전 세계 최초의 컴퓨터 프로그래머로 손꼽힌답니다.

배비지는 죽을 때까지도 자신의 기계를 계속 만들고 있었어요. 한 부품에만 매달리고 있었죠. 사실 이 기계는 대단한 영향을 끼쳤어요. 당시에는 수학 계산표를 손으로 직접 계산했으니까요. 이런 표를 직접 작성하려면 길기도 할 뿐 아니라 실수를 저지르기도 쉽죠.

에이다 러블레이스

찰스 배비지

1877년에는 유명한 미국 대학교인 하버드 대학교의 천문대에서 일하는 여성들이 '하버드의 컴퓨터들'이라는 별명으로 불렸어요. 이들은 수천 개의 별들을 직접 발견해 분류했죠. 하지만 당시에 이 여성들은 그다지 존경을 받지 못했고 중요한 발견 업적을 세웠는데도 경제적인 보상을 충분히 받지도 못했어요. 그래도 이들 가운데 몇몇은 재능이 아주 뛰어나고 의지가 강해 결코 좌절하지 않았죠. 당시에 여성은 망원경을 사용하지 못하고 다른 사람이 찍은 사진만 보고 작업해야 했는데도요. 그런 뛰어난 여성 가운데 한 사람이 나중에 유명한 천문학자가 된 **헨리에타 스완 레빗**이었어요.

헨리에타 스완 레빗

1970년대에 등장했던 최초의 가정용 컴퓨터는 〈코모도어 펫〉이었어요.

컴퓨터 얘기로 다시 돌아가죠. 컴퓨터는 프로그램의 규칙에 따라 작동하는 기계였어요. 그리고 프로그램은 컴퓨터가 이해할 수 있는 언어로 작성된 여러 명령문으로 구성되었죠. 미국의 컴퓨터 과학자였던 **그레이스 호퍼**는 플로매틱이라는 컴퓨터 언어를 개발했죠. 이 언어는 누구나 이해할 수 있는 컴퓨터 프로그램으로 나아가는 중요한 한 발짝이 되었어요. 호퍼의 작업은 나중에 코볼('사무 처리를 위한 프로그래밍 언어'의 약자)이 개발되도록 이끌었죠. 코볼은 오늘날까지도 쓰이는 만큼 호퍼에게는 '코볼의 할머니', '위대한 그레이스'라는 별명이 붙었어요. 어린 시절부터 수학과 공학에 흥미를 느꼈던 호퍼는 정보기술 분야의 진정한 선구자로 거듭났죠. 소프트웨어의 오류를 뜻하는 '버그'라는 단어 또한 호퍼와 관련이 있어요. 1940년대에 호퍼의 연구 팀이 작동시키던 컴퓨터 한 대가 나방 때문에 고장 난 적이 있었어요. 호퍼는 일지에 죽은 나방을 붙이고는 옆에 '버그(벌레)가 실제로 발견된 최초의 사례'라고 적었죠. 그래서 오늘날까지도 프로그램의 오류를 버그라 부르고 버그를 제거하는 것을 '디버깅'이라 해요.

오늘날 모든 스마트폰에는 앱이 설치되어 있죠. 앱은 음악을 듣거나 그림을 그리고, 일기를 쓰고, 다른 사람에게 메시지를 보내고, 영상을 찍고, 게임을 하는 데 필요한 프로그램이에요.

그레이스 호퍼

태블릿은 스마트폰과 같은 원리의 기계이지만 크기가 클 뿐이죠. 태블릿에만 작동하도록 특별히 프로그래밍 된 게임도 있어요. 예컨대 자동차를 모는 몇몇 게임은 태블릿으로 움직이면서 해야 딱 적당하죠.

월드와이드웹

월드와이드웹 덕분에 우리는 인터넷의 풍부한 자료에 접근할 수 있어요.
인터넷은 여러분이 상상도 못할 사실상 모든 정보를 담고 있는 거대한 연결망이죠.

월드와이드웹(WWW)을 발명한 사람은 영국의 컴퓨터 과학자인 **팀 버너스리**에요. 버너스리는 다른 과학자들과 의사소통하는 간단한 방식을 만들어 인터넷에 연구 자료를 모아 놓고자 했죠. 이렇게 하기 위해 버너스리는 HTML('하이퍼텍스트 마크업 언어'의 약자)을 설계했죠. 이것은 인터넷에 올라간 최초의 웹사이트를 비롯한 디지털 문서들을 컴퓨터가 읽고 생산하기 위한 언어였어요. WWW는 여러 HTML 문서로 구성되었죠. 버너스리에게는 그런 모든 문서를 전 세계 다른 문서들과 연결 짓는 게 중요했어요. 마치 거미줄(웹)처럼 말이죠. 그래서 이 연결망의 이름도 월드와이드웹이라고 지었답니다. WWW를 통해 많은 사람들이 인터넷과 친숙해졌던 만큼 사람들은 인터넷에 대해 얘기할 때 이 용어를 쓰곤 해요. 하지만 두 개념은 사실 꽤 다르죠. 확실히 정리하자면 이메일과 WWW는 둘 다 인터넷에 의해 제공되는 서비스라고 할 수 있어요. 인터넷은 1969년으로 거슬러 올라가는 전 세계 컴퓨터 연결망이고요. 당시 미국 국방부의 연구팀은 군용 컴퓨터를 위해 아르파넷('ARPANET, 고등 연구 프로젝트 에이전시 연결망'의 약자)이라는 연결망을 만들었어요. 곧 대학에서도 정보를 공유하기 위한 수단으로 이런 연결망을 활용했죠.

버너스리의 발명이 언제 이루어졌는지에 대해서는 여러 시점을 꼽을 수 있어요. 일단 버너스리가 정보 관리 시스템에 대해 처음으로 제안했던 1989년 3월 12일을 이야기하는 사람들이 있죠. 이 시스템은 WWW의 기반이 되었거든요. 그러다가 버너스리는 제네바 CERN(유럽 입자물리 연구소)에서 일하게 되었죠. 또 버너스리가 최초의 웹사이트와 브라우저를 만드는 데 성공한 1990년 12월을 인터넷이 발명된 시점으로 꼽기도 해요.

버너스리는 모든 사람이 자신의 발명을 활용할 수 있어야 한다고 생각했죠. 그래서 WWW에 대한 접근권을 전자 정보 권리라고 여겼어요.

팀 버너스리

2004년에 영국의 엘리자베스 2세 여왕은 버너스리에게 기사 작위를 내렸어요. 그 이후로 많은 사람들이 버너스리를 '팀 경'이라 부르고 있죠.

버너스리는 WWW 대신 쓸 다른 이름을 몇 개 생각해 두었어요. 예컨대 TIM(정보 광산)이나 MOI(정보의 광산)이 그것이었죠. 정보 그물망이라는 이름도 염두에 두었어요.

주파수 도약 기술

오늘날 우리는 뒷마당에 앉아 인터넷 검색 엔진에 오늘은 무슨 곡을 들을지 찾아보죠.
노트북을 인터넷에 연결하는 데 전선은 필요하지 않아요.
이렇게 할 수 있는 건 다 **헤디 라마르**와 **조지 앤타일**의 발명 덕분이죠.

하지만 두 사람이 발명을 생각해냈을 때는 노트북이나 스마트폰을 염두에 두지 않았어요. 대신에 잠수함과 어뢰(엔진과 폭발물이 들어 있는 수중 무기)를 생각했죠. 두 사람이 설계한 무척이나 복잡한 과정이 오늘날 블루투스와 WLAN(무선랜) 같은 기술의 기초가 되었어요.

오스트리아에서 태어난 라마르는 평생 무척 다양한 모험을 경험했죠. 19살에는 나체로 영화에 출연해 다른 남성과 애정표현 장면을 연기했는데 오늘날에는 그렇게 큰일이 아니지만 1933년에는 상황이 무척 달랐어요. 당시의 교황이 라마르에게 지옥에 떨어질 것이라 말할 정도였지요.

교황 비오 11세

헤디 라마르

라마르는 남편과 이혼하면서 새로운 삶을 찾았을 뿐 아니라 이름도 바꾸었어요. 결혼할 때의 이름은 헤드비히 에바 마리아 만들이었죠.

라마르는 젊은 나이에 결혼했는데 당시에는 그렇게 드문 일이 아니었죠. 남편이 무기 거래상이었기 때문에 라마르는 무기에 대해 많은 지식을 배웠어요. 그리고 남편의 출장길에 동행하면서 사람들과 나누는 이야기를 유심히 듣고 자기만의 생각을 발전시켰죠.

하지만 라마르와 남편은 행복한 결혼생활을 지속하지 못했어요. 결혼한 지 4년 만에 라마르는 남편을 떠나 처음 파리로 떠났고, 그 뒤로 런던, 미국에 갔죠. 할리우드에서 라마르는 유명한 영화사에서 일했고 '전 세계에서 가장 아름다운 여성'이라는 명성을 얻었어요. 하지만 라마르는 여기서 만족하지 않았죠.

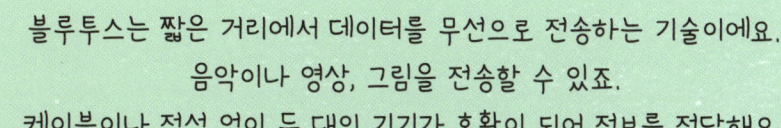

블루투스는 짧은 거리에서 데이터를 무선으로 전송하는 기술이에요.
음악이나 영상, 그림을 전송할 수 있죠.
케이블이나 전선 없이 두 대의 기기가 호환이 되어 정보를 전달해요.

'블루투스'라는 단어는 10세기 덴마크와 노르웨이의 왕 하랄드 블라톤(덴마크어로 '푸른색 이빨', 즉 '블루투스'를 뜻해요)에서 비롯했어요. 이 왕은 외고 기술이 무척 뛰어나 마치 블루투스처럼 사람들을 통합하고 연결했죠. 원래 '블루투스'는 이 기술을 가리키는 암호명이었지만 이후로 더 좋은 이름을 생각해낸 사람이 없어 그 이름 그대로 불리게 되었어요.

하랄드 블라톤

할리우드에서 라마르는 아방가르드 작곡가인 앤 타일을 만났어요. 당시에 독일에서는 국가사회주의당(나치)이 힘을 얻고 있었죠. 수백만 명이나 되는 죄 없는 사람들이 나치에 의해 괴롭힘을 당하던 정말로 무서운 시기였어요. 많은 사람들이 재산을 전부 빼앗겼고 상당수는 목숨을 잃었죠.

그러다 1939년에 2차 세계대전이 시작되자 미국은 1941년부터 전쟁에 참전했어요. 군대에서는 장거리 미사일(수천 킬로미터 넘게 날아가는 로켓)을 제어할 방법을 찾고 있었죠.

라마르는 운이 좋게도 무기 기술에 대한 남편의 대화 내용이 생각났어요. 라마르는 앤타일과 함께 아이디어 하나를 발전시켰죠. 1942년에 두 사람이 특허를 신청한 발명품은 구멍이 뚫린 종이 띠를 활용한 것이었어요. 마치 자동 피아노에 쓰이는 종이 같았죠.

이 구멍을 동시에 '읽어 들여' 정보의 송신자와 수신자는 동시에 주파수를 변화시킬 수 있었어요. 이 시스템은 7개의 채널을 사용했고 하나의 주파수에서 다른 주파수로 신호를 건너뛰었죠.

라마르는 나치에 대항한 전쟁에서 미국이 이기도록 어떻게든 돕고 싶어 했어요.

이런 도약 기술을 활용했던 이유는 적군이 엿듣거나 의사소통 시스템을 방해하지 못하게 방지하기 위해서였어요. 라마르와 앤타일은 어뢰를 원격으로 통제하는 데 쓰려고 이 기술을 개발했죠. 당시에는 이 발명이 얼마나 대단한 잠재력을 가졌는지 알아채는 사람이 없었어요.

그러다가 1982년에 들어서야 미국의 물리학자 로버트 프라이스가 라마르와 앤타일의 특허 내용을 우연히 발견했죠. 외부의 간섭 없이 어뢰를 조종할 수 있는 두 사람의 기술은 휴대폰이나 무선 연결망, 인터넷에서 신호를 주고받기에도 제격이었어요. 그리고 말년에 이르러서야 라마르는 발명가로 공로를 인정받았죠. 그때까지는 공학의 역사에서 라마르의 공헌은 제대로 인정받지 못했어요.

조지 앤타일

헤디 라마르

벨크로

1941년

여러분은 한손으로도 간편하게 벨크로를 뗐다 붙일 수 있죠. 스위스의 공학자 **조르주 드 메스트랄**이 신발끈이나 지퍼를 대체하기 위한 수단으로 벨크로를 발명했답니다.

드 메스트랄이 개를 한 마리 키웠던 건 행운이었어요. 개가 없었다면 발명품에 대해 생각하지 못했을 테니까요. 드 메스트랄은 개를 데리고 산책을 하다가 개의 털에 꺼끌꺼끌한 씨앗이 종종 붙는다는 사실을 깨달았어요. 이 작은 씨앗을 현미경으로(다행히도 당시에 이미 만들어져 있었죠) 관찰한 드 메스트랄은 빳빳한 작은 털이 씨앗 표면을 뒤덮었다는 사실을 알아내고 더 자세히 살폈죠.

이 털끝에는 작고 잘 구부러지는 바늘이 있었어요. 이런 구조 덕분에 씨앗은 동물의 가죽이나 다른 물건(예컨대 사람의 코트나 양말 등에)과 만나면 잘 들러붙었죠. 그리고 씨앗을 떼어낼 때도 바늘이 잘 휘어지기 때문에 씨앗은 부서지지 않았어요.

이처럼 자연 속에는 발명의 아이디어가 될 만한 것들이 이미 존재하죠. 드 메스트랄은 아주 질긴 나일론 띠를 가져다가 작고 잘 휘어지는 바늘을 가진 합성 씨앗과 붙였어요. 그런 다음 작은 고리를 가진 두 번째 나일론 조각을 만들었죠. 바늘과 고리는 서로 잘 들어맞았어요. 드 메스트랄은 이 발명품에 '벨크로'라는 이름을 붙였죠. 프랑스어로 벨벳을 뜻하는 벨루어와 고리를 뜻하는 크로셰를 합친 단어였어요.

이 흔한 씨앗은 표면에 **빳빳한 털**이 있고 개의 몸에 잘 들러붙는다는 성질 덕분에 전 세계 곳곳으로 퍼질 수 있답니다!

조지 드 메스트랄

벨크로는 종종 달나라까지 여행을 가기도 해요.
우주 정거장 안에서 무중력 상태의 음식 봉투가
날아다니지 않게 하려고 벨크로로 붙여 두거든요.

우주비행사들은 여가 시간에 체스를
두곤 해요. 이때 체스 말을 벨크로로 판에
붙여야 선실 안에서 마구 날아다니지 않죠.

벨크로는 우주정거장을 떠난 우주비행사가 코를 긁고 싶을 때도
유용하죠. 헬멧 안쪽에 코를 긁기 위한 벨크로 조각이 붙어
있답니다. 코를 긁고 싶다고 우주에서 헬멧을
마음대로 벗으면 안 되니까요.

그러던 어느날 드 메스트랄은 전화 한 통을 받았어요. 달을 처음으로 탐험한 닐 암스트롱과 버즈 올드린이 그의 발명품을 착용하고 있다는 소식이었죠! 이들의 우주복은 벨크로로 덮여 있었어요. 오늘날에는 신발이며 재킷, 배낭, 선박, 공장, 우주비행사들의 물건, 그리고 기저귀에도 벨크로가 사용되죠. 이렇듯 자연에서 힌트를 얻어 만들어진 발명품을 '생체공학' 기술이라고 해요. '생물학'과 '공학'을 합친 용어죠. 화장실에 가 보면 수건을 거는 고리가 벽에 빨판으로 붙여져 있을 거예요. 이 발명품은 다름 아닌 문어 다리의 빨판에서 아이디어를 떠올려 만들었답니다. 여러분도 생체공학 발명품의 다른 사례를 생각해 보세요.

이 그림은 최초의 지퍼가 어떤 모습이 었는지 보여줘요. 2개의 금속 체인과 미끄러지는 잠금장치로 이뤄져 있죠.

휘트컴 저드슨

지퍼

1851년

지퍼 덕분에 우리는 재킷을 편리하게 입었다 벗을 수 있고 가방에 물건을 안전하게 넣어 둘 수 있어요. 지퍼는 생명을 구하는 데도 도움이 되죠. 소방관들은 아주 빠른 속도로 보호복을 입어야 해서 지퍼가 아주 요긴해요.

미국의 발명가 **휘트컴 저드슨**은 어느 날 신발 끈을 묶는 게 무척 귀찮아졌어요. 그래서 뭔가 신발 끈 대신 사용할 도구가 없을지 고민하기 시작했죠. 당시 19세기에는 끈으로 신발을 묶는 게 가장 많이 쓰이는 방식이었거든요. 저드슨은 2개의 금속 체인과 미끄러지는 잠금장치가 결합되어 천을 서로 잇는 데 쓸 수 있는 '움켜쥐는 잠금장치'를 개발했어요. 하지만 이 체인은 가끔 너무 단단하게 고정되는 경우가 있어서 펜치로 떼어 내야만 했죠. 그렇게 실용적이지 않았어요!

하지만 종종 그렇듯 모든 발명품이 당장 성공을 거두는 건 아니에요. 그러다 시간이 흘러 1900년대 초에 스웨덴계 미국인 전기 기술자인 기드온 선드백이 처음 만들어진 모델에 비해 잠금장치의 이가 훨씬 가깝게 맞물리게 하는 아이디어를 냈어요. 이 발명품은 성공을 거두었죠. 잠금장치를 올렸다 내리는 게 쉬웠기 때문이에요. 또 이후로 이 발명품은 잠금 기능이 훨씬 좋아졌고 이 원리가 오늘날의 지퍼에도 사용되죠.

청바지

(1873년)

오늘날 누구나 옷장에 청바지 한 벌쯤은 있을 거예요. 독일계 미국인 사업가인 **리바이 스트라우스**가 이 바지를 처음 만들었답니다. 하지만 스트라우스 자신은 한 번도 자기 청바지를 입지 않았다고 하죠.

스트라우스는 1829년에 독일 남부에서 태어났고 원래 이름은 뢰프였어요. 스트라우스의 아버지는 직물 사업을 해서 바느질로 이어붙일 수 있는 물건이라면 전부 다루었죠. 하지만 스트라우스가 겨우 16살일 때 아버지가 병들어 세상을 떠났어요. 스트라우스는 어머니와 함께 가족이 살던 바이에른 지역을 떠나 미국 뉴욕으로 떠나겠다는 용기 있는 결정을 내렸죠.

금을 캐는 사람들은 다들 스트라우스의 가게에서 작업복을 사 입었어요.

리바이 스트라우스

두 형이 이미 몇 해 전에 뉴욕에 가서 직물 사업을 하고 있었거든요. 하지만 배를 타고 대서양을 건널 때 한 사람 당 옷가방 하나만 가져갈 수 있었기 때문에 대부분의 자기 물건은 고향에 두고 와야 했어요. 뉴욕에 도착한 스트라우스는 도시가 마음에 들었고 곧 적응했죠. 그렇지만 뢰프라는 이름이 미국 사람들에게는 발음하기가 어려워서 '리바이'라는 이름으로 바꿨어요.

1990년대에 미국에서는 115년 된 청바지 한 벌이 땅에서 발굴되었죠. 아마도 전 세계에서 가장 오래된 청바지일 거예요.

2009년에는 크로아티아에서 8,000벌의 오래된 청바지를 한데 꿰매 커다란 한 벌의 바지를 만들었어요. 그 결과물은 길이가 45미터나 되었죠!

그러다 1848년에 캘리포니아에서 처음으로 금이 발견되면서 많은 사람들이 금을 찾아 얼른 부자가 되는 게 인생의 목표가 되었죠! 이때 스트라우스는 다시 한 번 용감한 결정을 내렸어요. 또한 현명한 결정이기도 했죠. 금을 캐러 가는 사람들처럼 짐을 전부 싸서 미국 서해안으로 떠나기로 한 거예요. 하지만 떠나는 목적은 금을 찾기 위해서가 아니었어요. 스트라우스와 형들은 다른 계획이 있었죠. 금 캐는 사람들에게는 적당한 작업복이 필요하다는 생각이었어요. 스트라우스 가족은 샌프란시스코에 가서 작업복을 전문으로 파는 상점을 하나 열었어요. 스트라우스는 새로운 바지를 디자인했는데 우리가 보기에는 오늘날 청바지의 할아버지 격이죠. 이 바지는 '허리 작업복'이라고 불렀는데 몸의 하체까지만 덮었기 때문이었어요. 이 작업복은 무척 튼튼하고 실용적인 푸른색 원단으로 만들어졌죠. 그래서 금 캐는 사람들뿐 아니라 광부들, 농부들에게도 인기가 있었어요.

이 원단은 아주 질겨서 잘 닳지 않았고 인디고라 불리는 푸른색 염료로 염색이 되어 있어서 더러워져도 때가 거의 눈에 띄지 않았어요.

스트라우스가 자기가 만든 청바지를 입지 않았던 이유는 단순했죠. 당시에 사업가들은 보통 양복을 입었기 때문이었어요.

하지만 오늘날에는 사업가들은 물론이고 심지어는 점잖은 정치가들도 청바지를 입죠. 스트라우스는 과연 이렇게 되리라고 상상이나 했을까요?

초창기의 청바지는 작업을 하다가 자연스레 닳아서 얇아졌죠. 하지만 오늘날에는 일부러 구멍을 내고 찢어서 올이 드러난 바지가 인기가 있어요.

축구화

1920년

독일의 구두 수선공이자 발명가였던 **아디 다슬러**는 십대 때부터 여러 가지 운동에 적합한 특별한 신발이 필요하다고 생각했어요. 예컨대 축구화처럼요. 그래야 어떤 날씨에서건 경기를 할 수 있으니까요.

다슬러는 19살 무렵 그런 신발을 직접 만들기로 결심했어요. 당시 1차 세계대전이 막 끝나 경제적으로 어려운 시기였지만 계획을 미루지 않았죠. 다슬러는 미식축구와 축구, 육상, 권투를 무척 좋아했기 때문에 각각의 운동에 맞는 신발을 디자인하기로 했어요. 먼저 어머니가 세탁소를 하던 헛간에 작업실을 차렸죠. 다슬러는 꽤 창의적인 재능이 있었어요. 자기가 원래 가지고 있던 신발을 수선해 돈을 벌었죠. 또 군대에서 다 쓴 군화를 가져다가 가죽을 재활용했어요.

이후 수십 년이 지나 아디 다슬러는 형제인 루돌프 다슬러와 함께 회사를 세웠어요. 이 회사에서는 나중에 올림픽 참가자들에게 지급하는 신발까지 납품했죠. 여러 해가 지나 두 형제는 제각기 다른 길을 가기로 했고 각자 스포츠 용품 회사를 세웠죠. 아디는 '아디다스'를, 루돌프는 '퓨마'를 창립했어요.

첫 번째 주문이 들어왔어요!
축구화 샘플을 만들어
축구 클럽에 보낸 결과
다슬러는 돈을 벌 수 있었죠.

아돌프(아디) 다슬러

루돌프 다슬러

축구화 밑창에는 징이 넓게 떨어져 붙어 있어서 그 사이에 진흙이 붙지 않아요.

오늘날 프로 축구선수들은 한 시즌에 축구화를 40켤레에서 50켤레는 사용할 거예요.

1950년대 들어 아디는 독일 축구 대표 팀의 고문이 되었고 '국가 대표 축구화 장인'이라 불렸죠. 경기를 하기 전 아디는 지금 날씨와 경기장의 잔디 상태에 적합한 최고의 축구화를 추천했어요. 1954년에는 스위스에서 열린 월드컵 결승에서 서독과 강한 우승 후보였던 헝가리가 맞붙었어요. 잔디가 듬뿍 젖고 미끄러웠기 때문에 경기장 상태가 좋지 않았죠. 이런 상황에서 다슬러는 멋진 아이디어를 하나 냈어요. 중간 휴식 시간에 신발 밑창에 길쭉한 징을 나사로 끼워 넣었던 거죠. 그 결과 선수들은 잘 미끄러지지 않게 되었고, 반면에 헝가리 선수들은 신발 밑창에 짧은 징이 달려 있어서 사이에 진흙이 끼고 축구화가 무거워졌어요. 신발이 무거우면 빨리 달리기 힘들죠. 결국 독일 팀은 3대 2로 경기에서 승리를 거뒀어요. 이 경기는 '베른의 기적'으로 축구 역사에 남아 있죠.

시간이 지나면서 운동화뿐만 아니라 운동복도 크게 변화했죠. 특히 여성용 운동화와 운동복이 많이 바뀌었어요! 19세기에는 여성 선수들이 모자를 쓰고 바지 위에 짧은 치마를 입었죠.

탄산음료

1772년

탄산음료라고 하면 보통 작은 공기방울이 올라오는 탄산수나 음료수를 뜻해요. 이 탄산은 원래 아무런 색깔도, 냄새도 없는 기체죠.

야코프 슈베페

조지프 프리스틀리
토머스 헨리

탄산(H_2CO_3)은 이산화탄소(CO_2)가 물(H_2O)에 녹아서 만들어져요. 탄산이 든 물을 끓이면 기포가 다 없어지죠. 처음에 탄산음료를 발명한 것은 탄산수를 만들기 위해서였지 다른 음료를 위해서는 아니었어요. 물에 탄산을 넣으면 더 오래 보관할 수 있었죠. 또 19세기에는 무기물(미네랄)을 함유한 물이 약으로 쓰였어요. 그래서 당시에는 약사들이 탄산을 이용해 약물을 더 오래 보관했어요. 이산화탄소는 무기물이 물속에 안정적으로 머무르도록 했죠. 이렇게 오래 가는 탄산수를 만드는 데 아이디어를 제공한 사람은 여러 명이에요.

먼저 1770년대 초반 영국의 화학자였던 **조지프 프리스틀리**와 **토머스 헨리**는 각자 독립적으로 이산화탄소를 물속에 넣는 방법을 발견했어요. 프리스틀리의 주된 관심사는 기체에 대한 연구였죠. 프리스틀리는 '웃음 가스'라고도 알려진 아산화질소를 발견한 사람이기도 해요. 이 기체는 치과 치료나 수술에서 환자들에게 안정을 주기 위해 사용되었죠.

탄산이 든 물이나 레모네이드를 마시면 혀가 톡톡 쏘는 느낌이 들죠. 그리고 음료수가 위에 들어가면 기체가 밖으로 빠져나오려고 해요. 그래서 여러분이 트림을 하게 되죠.

자연에는 이산화탄소를 함유한 탄산수가 있어요. 한때 활화산이 활동하던 지역에 이런 물이 있죠. 탄산은 실용적인 쓸모도 있어요. 암석에서 무기물을 방출하는 데 도움을 주죠.

그리고 1780년대에는 제네바에 살던 보석상이자 시계 제작공이었던 **야코프 슈베페**가 이산화탄소를 물에 첨가하는 방법을 개발했어요. 슈베페는 곧 건강한 사람들도 자기가 만든 탄산음료를 좋아한다는 사실을 알아챘죠. 그래서 슈베페는 공장을 세워 탄산음료를 대량생산했고, 이 제품은 엄청난 성공을 거뒀어요. 1836년에 슈베페의 회사는 영국 왕실에 제품을 조달하는 허가증까지 받았죠.

치약

만약 여러분이 양치질을 빼놓지 않고 제때 한다면,
아침에 눈을 뜨거나 잠들기 전 느끼는 맛은 바로 치약 맛일 거예요.

1850년, **워싱턴 셰필드**는 23살의 나이로 치약을 발명했어요. 당시에는 약국에서 가루를 사서 이를 닦는 것이 관습이었죠. 이 가루는 부석과 가루로 빻은 대리석, 간 굴 껍질, 재, 박하유나 세이지, 그리고 약간의 비누 가루를 섞은 것이었어요. 어떤 맛이 날지 상상이 되나요? 19세기에는 여기에 붉은색의 원료를 섞는 게 세련된 것으로 여겨졌는데, 붉은색 입술이 특히 아름답다고 여겨졌기 때문이었어요.

셰필드의 발명품이 특별했던 이유는 글리세린을 첨가했기 때문이었죠. 기존에 팔던 가루에 글리세린을 섞자 반죽이 되었고 은박지 주머니에 포장할 수 있었거든요. 하지만 그렇게 실용적이지는 않았어요. 사용할 때 주머니를 연 다음 다시 닫을 수 없어서 내용물이 쉽게 말라붙었죠. 그러던 어느 날 파리에서 공부하던 셰필드의 아들이 튜브에 물감을 담아 짜서 사용하는 화가들을 보았고, 치약도 이런 튜브에 포장하면 좋겠다고 생각했어요. 그리고 아버지에게 그 아이디어를 넘겨줬죠. 오늘날 치약은 다양한 모습과 형태로 나와요. 줄무늬 치약도 있답니다. 가루로 된 치약도 있고 알약처럼 생겨서 씹을 수 있는 치약도 있죠.

워싱턴 셰필드

고대 이집트 왕국의 파라오는 포도 식초로 만든 반죽을 부석이나 귀한 돌인 공작석에 짓이긴 다음 '씹는 막대'를 이용해서 양치질을 했어요.

선사시대의 인류 또한 이를 닦았어요. 고고학자들이 석기시대 인류의 뼈와 치아를 발굴한 결과물을 보면 알 수 있죠. 이 치아에는 홈이 발견되는데 바로 막대기와 솔로 이를 문질러 닦았기 때문에 생긴 흔적이 확실해요.

건강한 치아는 에나멜질에 둘러싸여 있어요. 에나멜은 몸에서 가장 단단한 성분이죠. 하지만 플라크(치태)라는 끈적이는 막이 치아에 쌓여 이 에나멜을 파괴해요. 그래도 여러분은 치약으로 막을 닦아내 썩지 않게 하고 잇몸의 염증을 예방할 수 있답니다.

악어는 살아 있는 칫솔을 가졌죠. 작은 새들이 이빨 사이의 고기 찌꺼기를 쪼아 먹으려고 날아들기 때문이에요. 상어도 입을 벌리면 청소부 물고기들이 입속으로 들어와 찌꺼기를 청소해요. 상어가 이 물고기들을 잡아먹지 않는 건 물론이고요. 반면에 개미핥기처럼 이빨이 아예 없어서 이를 닦을 필요도 없는 동물도 있답니다!

인스턴트라면

1945년

안도 모모후쿠가 발명한 라면은 우리가 음식을 먹는 방식을 바꾸었어요.
오래 보관할 수 있을 뿐 아니라 3분 안에 한 그릇이 완성되었죠.

인스턴트라면은 보통 밀가루, 소금, 물, 향신료로 만들어져요. 뜨거운 기름에 면을 튀겨서 미리 조리된 채로 제품이 만들어지죠. 이때 열기가 면에서 물기를 빼앗으면, 공기가 통하지 않은 비닐봉지에 포장돼요.

안도는 주변 사람들이 굶주리는 게 싫었고 그것이 발명을 하게 된 동기였어요. 당시는 2차 세계대전이 막 끝난 1945년이었죠. 8월 15일에 일본은 항복을 선언했는데 이 날은 안도에게 특히 기억에 남았어요. 안도가 살던 오사카 지역은 많은 집이 폭탄에 맞아 부서진 채였죠. 사람들은 무너져 가는 건물 앞에 길게 줄을 늘어서 커다란 냄비에 끓이고 있는 국수 한 그릇을 받으려고 기다렸어요. 그때 안도에게는 불현듯 한 가지 생각이 떠올랐죠. 국수를 보다 빠르게 만들 방법을 찾아야겠다는 거였어요.

많은 일본 사람들에게 인스턴트라면의 발명은 일본에서 가장 대단한 성공담으로 여겨져요. 하지만 라면이 실제로 얼마나 영양가가 있는지에 대해서는 의견이 분분하죠.

안도는 우주여행을 할 때 먹을 수 있는
라면도 개발했어요.
일본 우주항공국(JAXA)와 함께 만든 라면이죠.

이후로 안도는 여러 해 동안 실험을 거쳤어요. 1948년에는 회사를 세웠고 10년 뒤에 마침내 마법의 라면 제조법을 찾아냈죠. 그 결과 닭고기 맛 인스턴트라면이 처음 만들어져 판매되었어요.

오늘날 한 해에 인스턴트라면 수십억 개가 생산되어 판매되고 있어요. 오리고기, 소고기, 새우 맛에 이르기까지 맛도 다양하죠. 지구상에 굶주리는 사람을 없애고 싶다는 것이 안도의 꿈이었어요. 한 번은 이렇게 말했죠. "먹을 것이 충분해지면 세계에 평화가 찾아올 것이다."

일본 출신의 우주비행사 노구치 소이치는
2005년 미국 우주왕복선인 디스커버리호를 타고
우주에 나갔을 때 실제로 이 라면을 맛봤어요.
어땠냐고요? 맛있었다고 해요.

최초로 만들어진 라면은
닭고기 맛이었죠.

인스턴트라면을 만드는 법은
무척 간단해요.

안도 모모후쿠

아이스크림 기계

1848년

예전에는 아이스크림을 만들려면 팔 힘이 필요했죠.
하지만 오늘날에는 간단하게 만들 수 있어요.
게다가 딸기맛에서 호박씨 누가 맛, 심지어 생선 맛까지 온갖 종류가 있죠!

낸시 존슨은 아이스크림을 무척 좋아했던 게 틀림없어요. 수동식 크랭크가 달린 작은 통에 재료를 넣고 아이스크림을 만든다는 훌륭한 생각을 해냈거든요. 이 멋진 기계 덕분에 그렇게 큰 힘을 들이지 않고도 우유와 다른 재료를 빠르게 휘저어 크림처럼 만들 수 있었어요. 이 통 안에는 재료를 섞는 실린더가 있었고 자연에서 얻은 얼음을 으깨 실린더 주변을 감쌌죠. 존슨은 이 발명품으로 특허도 신청했답니다.

하지만 당시에는 냉장고나 냉동실이 없었기 때문에 아이스크림을 일단 만들면 얼른 먹어 치워야 했죠. 얼음은 겨울철에 호수나 강에서 가져왔고, 여름에 이 얼음이 녹지 않게 하려고 나무 상자에 넣어 서늘한 지하 저장고에 보관했어요. 그러다가 1906년에 전기모터로 재료를 휘저을 수 있게 되면서 존슨의 아이스크림기계는 크게 발전했죠. 1930년에 냉각 압축기가 도입되면서 재료를 섞는 동안 차갑게 식힐 수 있어 기계는 더 개량되었어요. 이 기술은 오늘날까지도 그대로 쓰이죠.

냉각 장치와 함께 기체 상태의 냉각제가 얇고 긴 구불구불한 금속관을 타고 펌프질해 들어와 기계의 안과 밖을 흘렀어요. 이 기체는 처음에는 밖에서 펌프에 의해 압축되어 압력이 높아지고 온도가 올라가죠. 그런 다음 관의 바깥쪽을 흐르면서 주변 공기에 열기를 빼앗겨요. 그러면 압력이 다시 낮아지면서 기체가 차가워지고 그대로 냉각장치 안쪽 관을 따라 흐르면서 내부를 시원하게 해주죠. 이 기술은 식료품이 상하지 않게 할 뿐 아니라 약품과 백신을 보존하는 데도 중요하게 활용돼요.

일본에서는 특별한 여러 종류의 아이스크림이 있어요. 닭고기, 양파, 새우, 시금치, 염소고기 맛의 아이스크림이죠. 이 아이스크림에는 맛에 어울리는 버터, 우유 설탕, 간장, 해조류, 고기, 생선, 채소가 들어가 있어요.

13세기 말에 탐험가 마르코 폴로는 중국에 갔다가 쌀로 만든 푸딩에 얼린 우유 섞은 것을 먹었다고 기록했어요. 아마도 이 기록을 토대로 이탈리아에서 아이스크림을 처음 만든 것이 아닌가 생각되죠.

로마제국의 네로 황제는 얼음을 으깨고 라즈베리, 계피, 생강, 장미수를 섞어서 먹었어요. 오늘날의 셔벗과 비슷하죠.

아이스크림을 먹자마자 머리가 쨍하게 아픈 적이 있을 거예요. 그러면 혀를 입천장에 꾹 누르고 있으면 도움이 돼요. 혀의 따뜻함이 혈관을 확장시키고 아픔이 가시도록 도움을 주죠.

세상에서 가장 키가 큰 아이스크림콘은 2015년 노르웨이에서 만들어졌어요. 높이가 3.08미터나 되었죠. 너무 커서 아이스크림 공장에서 만든 다음 밧줄에 매달아 헬리콥터로 옮겨야 했어요.

지금으로부터 약 5,000년 전 중국 사람들은 눈과 자연의 얼음을 활용해 음료를 차게 식혔어요. 땅속 깊은 곳의 어두운 저장고에 이 음료를 보관해 가능한 오래 녹지 않게 보관했죠.

수족관

10세기 무렵부터 중국에서는 도자기 욕조 안에 금붕어를 담아 애완동물로 키웠죠.
이후 900년이 지나 프랑스의 한 해양 생물학자가
해양 생물을 연구하기 위해 유리 탱크를 만들었어요.

잔 빌프뢰는 프랑스의 한 마을에서 자랐죠. 아버지는 구두 수선공이었고 마을은 바다와 무척 멀리 떨어져 있었어요. 빌프뢰는 18살에 파리로 이사를 가서 재봉사가 되었죠. 솜씨가 무척 좋아서 당시 프랑스 공주가 입을 웨딩드레스를 만들어 달라는 부탁을 받을 정도였어요. 빌프뢰는 남편과 만나 결혼한 이후에 지중해에 있는 이탈리아 섬인 시칠리아로 이사를 갔어요. 시칠리아 섬에서는 재봉사 일을 그만두고 연구를 시작했죠. 1832년에 빌프뢰는 유리와 나무로 만든 탱크를 만들어 바닷물을 펌프질해 넣었어요. 이것이 최초의 수족관이었죠. 빌프뢰는 오징어나 갑오징어, 문어 같은 두족류를 더 가까이 관찰하기 위해 나무 상자를 바닷물 속에 내리고 안에 살게 했어요.

이 발명품은 과학자들이 가까운 거리에서 해양 동물들을 관찰하는 데 도움을 주었죠. 관찰 장소가 동물이 서식하는 자연 환경과 가까워야만 가능한 일이었어요. 수족관을 보러 온 관광객들도 이런 경험을 즐길 수 있었어요. 수족관의 또 다른 중요한 쓰임새는 바로 여러 가지 연구가 가능하다는 거였죠. 예컨대 수족관에서 키우는 제브라피시의 유전체인 게놈을 연구하면 우리 인간의 게놈에 대해서도 더 많이 알 수 있어요. 이 물고기 게놈의 70퍼센트가 인간과 비슷하거든요.

빌프뢰는 문어의 일종인 조개낙지 암컷을 발견하기도 했어요.
이 동물은 원래 껍데기가 부서지면 새로운 껍데기를 키우죠.

블롭피시는 바다 깊은 곳에 살아요.
이 물고기는 몸통이 마치 젤리 같고
머리는 괴물인 고블린을 닮았죠.

1807년
소화기

소화기가 발명된 덕분에 그동안 우리는 많은 것을 구할 수 있었죠.
집과 회사, 공장, 그리고 가장 중요한 사람의 목숨까지요.

이미 2,000년 전부터 로마 사람들은 물을 뿜는 살수 장치를 사용했어요. 물이 30미터 넘게 뿜어져 나왔죠.

약 200년 전 사람들은 어떤 의식을 치르면 불을 끌 수 있다는 미신을 믿었어요. 나무판을 불꽃 속에 던지고 마법의 주문을 외면 불이 꺼진다는 거죠.

19세기 초반, 영국의 기술자였던 **조지 윌리엄 맨비**는 바다의 선박 위에서 일어난 끔찍한 화재를 목격했어요. 이 사고는 맨비의 머릿속에 강하게 남아 불이 나도 사람의 목숨을 구할 수 있는 장치를 발명해야겠다고 결심하기에 이르렀죠. 맨비는 바다에서 위험해질 때를 대비해 일종의 구명보트를 만들고 소화기를 발명했어요. 탄산칼륨을 뿌려 불길을 잡는 방식이었죠. 식물을 태운 재에서 나온 이 가루는 비누를 만드는 것을 포함해 온갖 용도로 쓰였어요.

조지 윌리엄 맨비

하지만 초기의 소화기가 항상 성공적으로 작동하지는 않았어요. 그래서 기술자 **W. C. 필립**은 자연에서 영감을 얻어 소화기에서 압력에 의해 방출되는 증기로 불을 끄는 방식을 생각해 냈죠. 항해 도중 화산이 폭발하면서 바다 위로 증기가 형성되어 근처 섬의 불이 꺼지는 모습을 목격한 뒤 소화기를 만들었어요. 하지만 이 영국 발명가가 세운 공장이 1856년 불에 타면서 아무도 필립이 만든 소화기는 사지 않게 되었어요.

1872년에는 미국의 발명가 **토머스 J. 마틴**이 물탱크에 부착해 다량의 물을 끌어오는 소화기를 설계하기도 했죠.

W. C. 필립

오늘날에는 물, 가루, 거품, 이산화탄소로 불길을 잡는 다양한 종류의 소화기가 판매되고 있어요. 물론 불 끄는 일을 전문으로 하는 소방관들도 있고요. 주민 공개일에 여러분이 사는 지역 소방서를 찾아가면, 불에 대한 지식과 어떻게 하면 불을 끌 수 있는지 배울 수 있어요.

토머스 J. 마틴

한때 용액과 염으로 만들어져 기적처럼 성능이 좋다고 여겨졌던 소화기가 있었어요. 무척 비쌌지만요. 이 소화기는 푸시식 거리는 엄청난 증기 소리를 냈지만 그렇게까지 불을 잘 끄지는 못했죠.

플라스틱

'플라스틱'이라는 용어는 인공적으로 만든 합성 물질을 통틀어서 가리켜요. 이 단어는 '변형 가능한'이라는 뜻을 가진(어떤 형태든 만들 수 있죠) 그리스어 단어인 플라스티코스에서 비롯했어요. 플라스틱의 특별한 성질이 있다면 성분이 약간만 변화해도 결과물이 크게 바뀐다는 거예요.

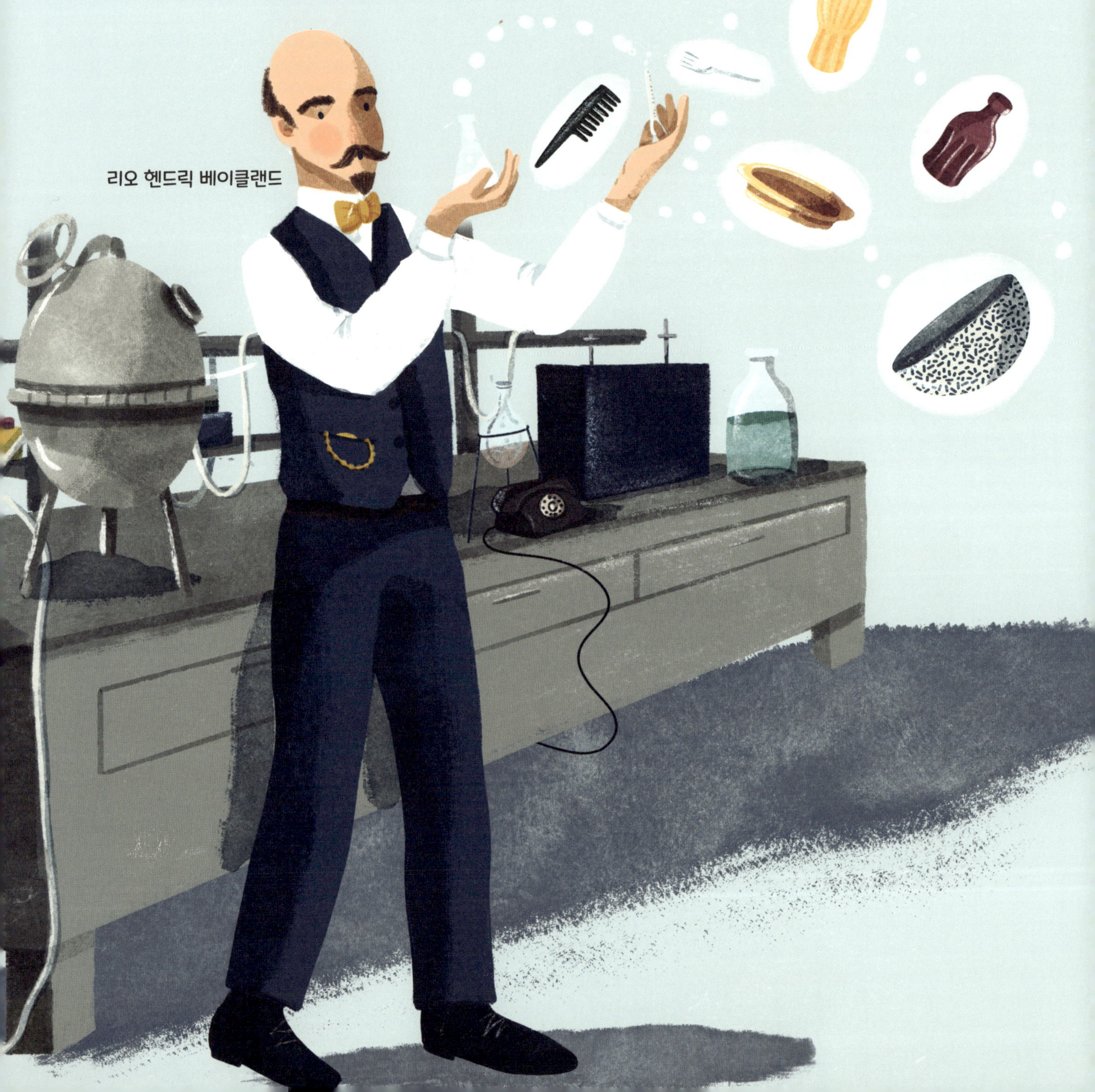

리오 헨드릭 베이클랜드

플라스틱의 선조가 있다면 바로 카세인이에요. 독일 남부 아우스부르크에 살던 수도사 볼프강 자이델은 저지방 치즈에서 다른 물건을 만드는 재료 물질을 만들 수 있다는 사실을 발견했어요. 카세인은 따뜻할 때 모양을 변화시킬 수도 있고 차가워지면 무척 단단해졌죠. 이렇게 단단하게 만들려면 여러 번 데웠다 식히기를 반복해야 하는데, 그러면 컵도 만들 수 있고 장신구도 만들 수 있었어요.

플라스틱에 얼마나 열과 압력을 주었는지, 어떤 물질을 첨가했는지에 따라 병이나 장난감을 만들 수도 있고, 사람의 목숨을 살리는 의료기기 부품을 만들 수도 있죠. 완전한 합성물질을 처음으로 대량 생산한 발명가는 벨기에의 화학자인 **리오 헨드릭 베이클랜드**였어요. 베이클랜드는 자신의 발명품을 베이클라이트라 불렀죠. 이것을 만들기 위해 베이클랜드는 페놀과 포름알데히드를 섞고 압력 용기에 넣은 다음 섭씨 200도에 가깝게 가열했어요. 베이클랜드의 발명품은 여러 합성 물질이 개발되는 거대한 흐름의 막을 열었죠.

합성 물질은 정제하지 않은 석유인 원유로 만들어져요. 원유는 지표면 아래에서 발견되어 밖으로 펌프질해 캐내죠. 원유를 정제하고 나면 석유와 가스로 분리되고 찌꺼기도 생겨요. 이 성분을 공장에서 가열하고 높은 압력 아래서 가공하죠. 이 석유는 자연에서 온 원료여서 그 공급량이 한정되어 있어요.

플라스틱은 여러 가지가 있지만 크게 3종류로 나눌 수 있어요. 먼저 열가소성 플라스틱은 열을 주면 부드러워지고 식으면 다시 단단해지죠(열가소성이란 열을 가하면 모양을 바꿀 수 있다는 뜻이에요). PET(폴리에틸렌 테레프탈레이트)가 이 플라스틱의 예인데 물이나 주스를 담는 데 흔히 쓰이죠. 그리고 열경화성 플라스틱은 일단 모양이 잡히면 다시 부드러워지지 않아요(열경화성이란 열에 견딘다는 뜻이에요). 전등이나 냄비와 프라이팬의 손잡이를 만드는 페놀 수지가 이 플라스틱의 예죠. 마지막으로 세 번째 종류는 탄성중합체에요. 단단하지 않고 모양을 바꿀 수 있죠. 풍선껌의 원료가 그 예에요.

베이클랜드는 무척 중요한 소재를 발명했어요. 하지만 오늘날 플라스틱 쓰레기는 환경을 크게 해치는 주범이죠. 상상해 봐요. 페트병 하나가 썩는 데 450년이나 걸려요. 심지어 그만큼 세월이 지난다 해도 작은 플라스틱 조각은 남아 있을 거예요.

그리고 매 1분마다 전 세계적으로 약 1,000만 개의 비닐봉투가 사용되고 있죠. 그래서 지난 수십 년 동안 셀 수 없이 많은 플라스틱 쓰레기가 바다에 버려졌어요. 아직도 현재 진행형이죠. 게다가 매년 최대 13만 5,000마리의 고래가 산처럼 거대한 플라스틱 쓰레기 더미에 휩쓸려요. 수백만 마리의 바닷새와 물고기, 해양 동물들이 작은 플라스틱 조각을 먹이인 줄 알고 삼키기도 하고요. 그 가운데 상당수가 목숨을 잃죠. 1950년에서 2015년 사이에 전 세계적으로 83억 톤의 플라스틱이 생산되었어요. 이 가운데 대부분이 일회용품이나 포장재로 쓰이고 버려졌죠. 재활용된 양은 10퍼센트도 되지 않았어요. 그래서 몇몇 정부는 플라스틱의 사용을 규제하기 시작했어요. 그리고 점점 더 많은 사람들은, 특히 환경보호 운동가들은 이런 플라스틱이 정말로 필요한 곳에 쓰이고 있는지, 완전히 없앨 방법은 없는지, 환경 친화적인 소재로 새로운 합성 물질을 만들 수는 없는지 알아내려고 열심히 노력해요.

몇몇 회사들은 바다에서 플라스틱 쓰레기를 건져 올려 가능하면 재활용하려 애쓰고 있어요. 예컨대 바다에서 건져 재활용한 플라스틱 소재로 운동화나 배낭을 만드는 거죠.

예컨대 장난감 회사인 레고 사는 여러 해 동안 연구를 거친 끝에 블록에 플라스틱을 사용하지 않는 생산 방식을 개발했죠. 2030년까지는 환경 친화적인 새로운 소재로 교체할 수 있으리라 예상해요. 최근에는 여러 도시에서 '쓰레기 제로' 운동이 일어나 사람들이 비닐봉투와 병, 빨대로 주변을 오염시키지 않도록 애쓰죠.

풍선껌 안에는 플라스틱의 원료 물질이 들어 있어요.

1891년

하늘을 나는 기계

오토 릴리엔탈

비행기라는 단어를 들으면 여러분은 뭐가 생각나요? 좌석이 많고 큰 날개와 제트 엔진이 달린 기계를 상상하겠죠. 사실 이런 비행기가 존재할 수 있었던 것은 '하늘을 나는 남자' **오토 릴리엔탈**과 깊은 관련이 있어요.

여러분이 비행기의 역사를 하나의 긴 여정으로 정리한다면 릴리엔탈은 분명 시작점에 자리할 거예요. 글라이더를 만들어 날리는 것을 시작으로 하늘을 나는 장치의 토대를 놓았거든요. 릴리엔탈은 이 장치를 통해 공기역학에 대한 많은 지식을 배웠죠. 공기역학이란 공기 저항과 공기의 흐름, 물체가 공기 중에서 어떻게 움직이는지를 다루는 과학이에요. 릴리엔탈은 자연에 대해 연구해서 하늘을 나는 기계에 대한 아이디어를 얻었죠. 특히 새의 날개 구조에 큰 흥미를 느꼈어요. 릴리엔탈은 어린 시절부터 황새와 갈매기를 즐겨 구경했고, 14살에는 하늘을 날려고 시도했죠. 머릿속에는 어떻게 하면 이륙할 수 있을지에 대한 고민이 가득했어요. 어떻게 해야 공기보다 무거운 물체가 공중에 떠서 머무를 수 있을지 생각했죠. 몇 년이 지나 릴리엔탈은 날개처럼 퍼덕거리는 장치를 입고 자기 집 지붕에서 밧줄에 매달리는 실험을 했어요. 실제로 날지 못한다는 것을 알지만 그래도 기계가 새 날개를 닮았으면 했던 거죠!

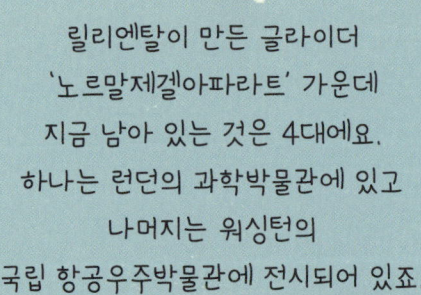

릴리엔탈이 만든 글라이더 '노르말제겔아파라트' 가운데 지금 남아 있는 것은 4대예요. 하나는 런던의 과학박물관에 있고 나머지는 워싱턴의 국립 항공우주박물관에 전시되어 있죠.

날다람쥐와 날치는 하늘을 나는 재주가 뛰어나요. 날치는 물 위로 자기 몸을 내던져 400미터까지 날 수 있고 이때 최대 속력이 시속 70킬로미터나 돼요.

1989년에 영국의 주디 레덴은 뜨거운 공기를 넣은 기구에 줄을 매달고 영국 남부 해안 위로 떠올랐어요. 그리고 주디 레덴은 도버의 하얀 바닷가 낭떠러지 위를 지나며 줄을 푼 채 여성 최초로 행글라이더를 타고 영국 해협을 건넜죠.

주디 레덴

어른이 된 이후 릴리엔탈은 베를린에 살면서 정원에서 황새 4마리를 키웠어요. 새의 비행 기술을 사람에게 옮길 방법을 찾으려고 황새를 자세히 관찰했죠. 하지만 새의 뼈는 사람보다 훨씬 가벼운 데다 사람이 공중으로 날아오르기 위해서는 날개 길이가 훨씬 길고 근육 힘도 엄청나야 했어요. 그래서 릴리엔탈은 새를 모방한다고 해도 그렇게 큰 진전이 없으리라는 사실을 받아들여야 했죠. 그래도 길이와 무게를 고려한 복잡한 수학 공식과 자세한 그림을 바탕으로 릴리엔탈은 오늘날 '패러글라이더'라 불리는 장치를 디자인했어요. 릴리엔탈은 날개 표면을 약간 구부리면 비행 능력을 향상시킬 수 있다는 사실을 깨달았죠. 그리고 날개가 2층인 것부터 날개를 퍼덕거리는 글라이더까지 여러 모델을 직접 만들었어요. 그리고 모델을 시험하기 위해 여러 번 언덕에서 뛰어내렸죠. 그러던 어느 날 릴리엔탈은 마침내 언덕에서 25미터 비행하는 데 성공했어요. 이 경험을 바탕으로 1894년부터 날개가 하나이고 길이가 6.7미터인 글라이더로 비행하기 시작했죠. 이 기계로는 최대 250미터까지 날았어요. 이런 실험을 수행하기 위해 릴리엔탈은 집 근처에 높이가 약 15미터인 '비행용 언덕'까지 만들었죠. 릴리엔탈은 계속해서 '노르말제겔아파라트'라는 이름의 글라이더를 제작해 사람들에게 주문을 받고 팔았어요. 그랬던 만큼 릴리엔탈을 역사상 최초로 비행 기계를 대량 생산한 사람으로 여길 수도 있죠. 당시 이 글라이더의 가격은 500도이치마르크였는데 오늘날의 돈으로 4,000달러(약 450만 원) 정도예요.

하지만 불행히도 릴리엔탈은 자신의 성공을 오래 누리지 못했어요. 1896년 8월 9일, 비행 실험을 하다가 15미터 아래로 떨어졌고 심하게 다쳤죠. 그리고 다음날 그 상처 때문에 베를린의 병원에서 목숨을 거뒀어요.

2004년에 안젤로 다리고는 산소를 추가로 공급받지 않은 채 행글라이더로 높이 8,850미터인 에베레스트산의 가장 높은 봉우리를 넘어 날았어요. 이때 바람이 시속 200킬로미터까지 불었고 기온은 영하 50도였죠.

비행기

1902년

오랜 세월 많은 사람들의 꿈은 하늘을 나는 것이었어요. 미국의 발명가 **오빌과 윌버 라이트** 형제는 이 꿈을 실현시켰죠. 두 사람은 자체적으로 조종이 가능하고 엔진으로 비행하는 최초의 비행기를 만들었어요.

라이트 형제는 오토 릴리엔탈이 글라이더를 만들었다는 소식에 무척 흥분했고, 비행 기계를 스스로 만들기로 결심했어요. 처음에는 행글라이더부터 시작했죠. 그런 다음 한 사람이 탈 수 있는 날개 2개짜리 복엽비행기를 만들었고, 다른 형태의 비행기도 제작해 시험했어요. 자전거에 날개를 달고 최대한 빠르게 페달을 밟아 비행하는 데 필요한 공기의 흐름을 만드는 시험적인 기계에도 올라탔죠.

특히 라이트 형제는 비행 기계를 만들기 위해 축이 3개인 제어 시스템을 개발했는데, 릴리엔탈의 글라이더와는 달리 이 장치는 바람의 영향을 아주 많이 받지 않았어요. 1901년에는 중요한 발전을 한 가지 이루었죠. 왼쪽이나 오른쪽으로 비행기를 조종할 수 있는 측면 방향타를 설계하기 시작한 거예요. 그로부터 1년이 지나 두 사람은 방향타 설계를 완성했죠.

오빌 라이트

윌버 라이트

라이트 형제는 미국 동부 해안의 작은 도시로 이사 갔죠. 이 지역 바닷가의 바람은 비행 실험을 하는 데 쓸모가 많았어요. 그때까지 두 사람은 자전거 가게만 운영했죠.

2개의 프로펠러가 뒤에서 비행기를 추진시켰어요.

이 비행기에는 굴림대 대신 활주부가 있어서 이륙하기 전에 짧은 나무 레일을 따라 미끄러졌어요.

이 흰색 날개가 2층으로 달린 복엽비행기는 한 사람이 탈 수 있으며 '플라이어 1호'라 불렸어요. 4기통 실린더로 구동되었고 12마력짜리 가솔린 엔진이 달렸어요.

비행사는 아래쪽 날개 위의 엔진 바로 옆에 엎드려 누운 채 비행기를 조종했죠.

이제 비행기의 앞부분을 들어 올리거나 낮추면 기체를 위로 올리거나 내릴 수도 있었죠. 그런 다음 형제는 프로펠러를 구동하는 엔진을 만들었어요. 두 사람 다 기계 설계에 대해 배우지 않았지만 창의성과 기술을 갖춘 덕분에 1903년에 최초의 엔진 구동 비행기인 플라이어 1호를 완성했죠. 그해 12월 17일에는 오빌이 바닷가를 따라 이 비행기를 타고 37미터를 날았어요. 공중으로 한번 크게 점프한 데 지나지 않았고 비행시간도 12초밖에 되지 않았죠. 하지만 같은 날 두 사람은 3번의 비행 실험을 더 했고 마지막에는 259미터나 날았어요. 1905년에는 플라이어 3호로 거의 40킬로미터나 되는 거리를 비행했죠. 1908년에는 플라이어 호에 최초로 승객을 태우기도 했어요.

제트 엔진은 엄청난 양의 연료를 태워 아주 강력한 추진력을 내죠. 오늘날의 보잉 777호 비행기에는 17만 5,000마력으로 비행기를 추동하는 제트 엔진이 2개 달려 있어요.

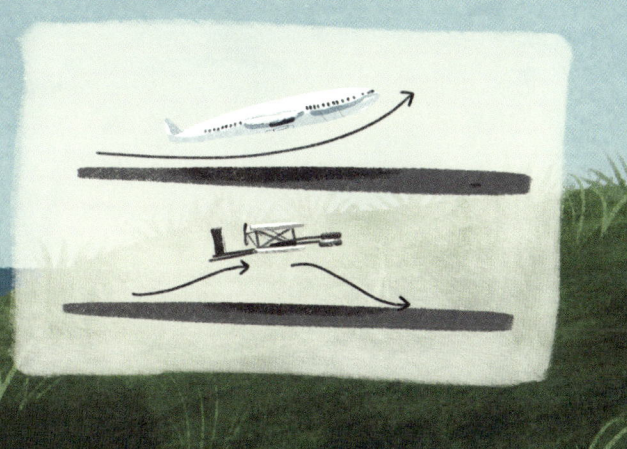

2년 뒤에도 라이트 형제는 시험 비행을 계속했고, 이번에는 처음으로 두 사람이 비행기에 같이 탔어요. 비행기에 같이 타겠다고 아버지에게 허락을 받기도 했죠. 비행이 워낙 위험하기 때문에 한 번에 한 사람씩만 타겠다고 아버지와 예전에 약속했기 때문이었어요. 이후 두 사람은 비행기를 대량 생산하는 회사를 세웠죠. 형제의 발명품 덕분에 우리 모두가 마치 새처럼 하늘을 날 수 있어요.

아멜리아 에어하트는 비행기를 타고 혼자 대서양을 최초로 건넌 여성이었어요. 그리고 하와이와 캘리포니아 사이 태평양을 건넌 최초의 인물이기도 했죠. 그리고 에어하트는 적도의 길이를 재기 위한 비행을 하던 도중 사망했어요. 이 마지막 비행에서 에어하트는 무선 송신도 할 수 없었고 불시착할 섬도 찾을 수 없었죠. 64대의 비행기와 8대의 함선을 동원해 에어하트를 찾아 나섰지만 시신은 발견되지 않았어요.

1909년에는 **존 무어-브라바즌**이라는 비행사가 돼지 한 마리를 데리고 비행기에 올랐어요. 돼지도 하늘을 날 수 있다는 걸 보여주려는 일종의 농담이었죠. 이 돼지의 이름은 이카로스 2세였고 비행을 마치고 안전하게 땅에 착륙했어요. 그리스 신화 속의 이카로스는 결코 무사히 착륙하지 못했지만요.

비행기 조종사들은 모의 비행 장치에 올라 오랜 시간 훈련해요.

아멜리아 에어하트

해리엇 큄비

해리엇 큄비는 미국에서 비행 조종사 자격증을 딴 최초의 여성이었어요. 1912년에는 여성 최초로 영국 해협을 혼자서 비행해 횡단했죠.

화가이자 조각가, 음악가, 철학자, 공학자, 자연 과학자였던 **레오나르도 다빈치**가 모터로 구동되는 비행기를 실제로 봤다면 정말 기뻐했을 거예요. 이미 15세기에 다빈치는 프로펠러가 달린 비행 기계를 디자인했거든요. 이 기계는 헬리콥터의 고조할아버지 격이죠.

오늘날에는 제트 엔진 덕분에 비행기로 짧은 시간만 비행해도 전 세계 어디나 날아갈 수 있어요. 점보제트기는 최대 850명의 승객을 실어 나르죠. 비행기는 아주 많은 화물을 운송하기도 해요. 하지만 이런 과정에서 환경을 상당히 오염시키죠. 비행기가 연료를 태우는 과정에서 이산화탄소가 나오는데, 이 기체는 지구 온난화의 주범이에요. 이 해로운 온난화 효과가 지금 우리 지구 어디서든 느껴지죠. 과학자들이 새로운 종류의 연료를 개발하려고 애쓰는 이유가 바로 여기에 있어요.

1440년

활판 인쇄

독일의 금세공인 출신인 **요하네스 구텐베르크**가 발명한 활판 인쇄기는 많은 사람들에게 새로운 세상을 열어 주었어요. 인쇄물이 널리 보급되면서 과학과 종교, 문화 분야에 대단한 변화를 몰고 왔죠.

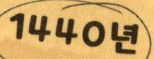

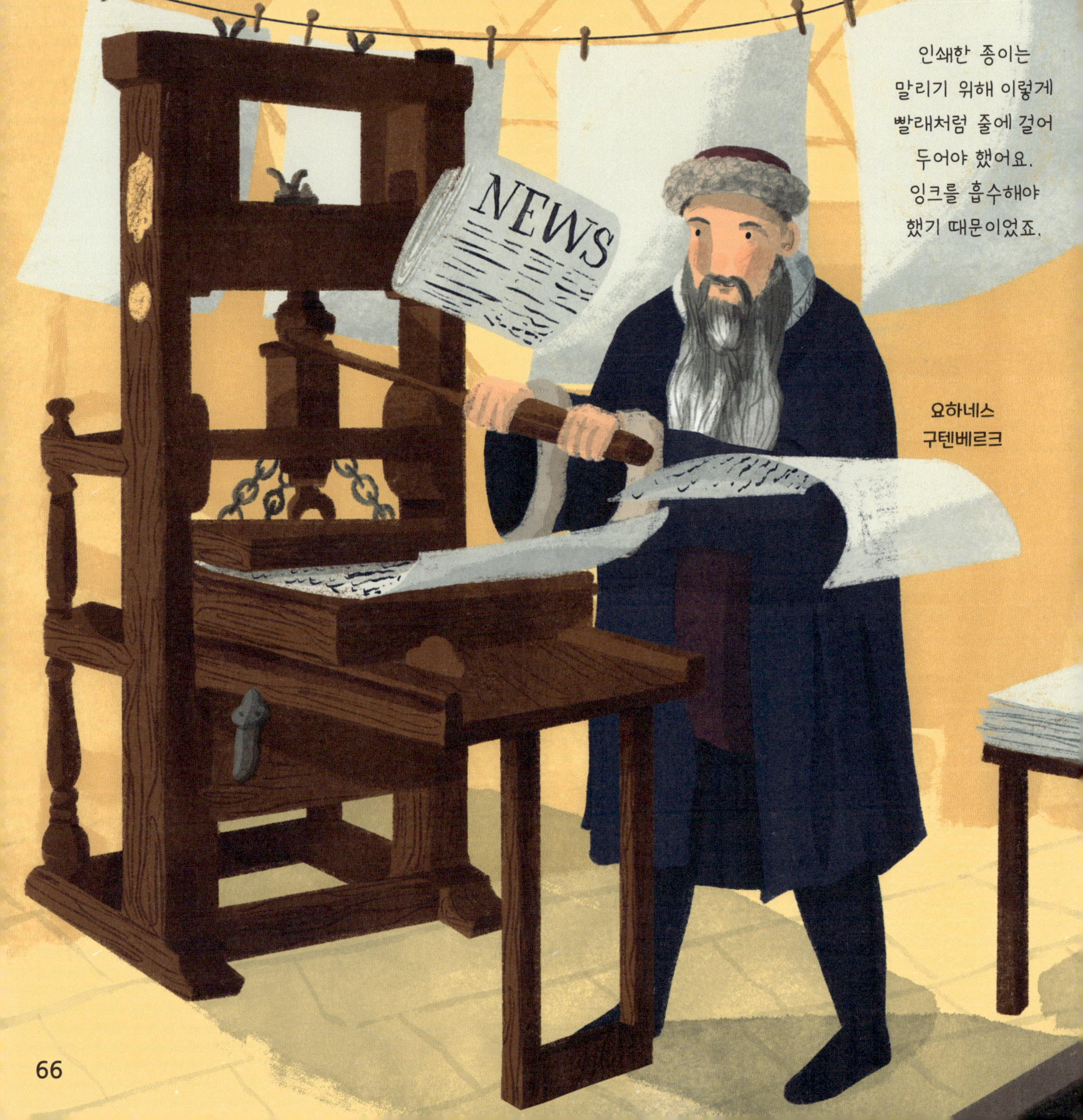

NEWS
인쇄한 종이는 말리기 위해 이렇게 빨래처럼 줄에 걸어 두어야 했어요. 잉크를 흡수해야 했기 때문이었죠.
요하네스 구텐베르크

구텐베르크가 인쇄기를 발명하기 전에는 책을 새로 만들려면 손으로 베껴야 했어요. 그 과정에서 엄청난 시간과 노력이 들었기 때문에 책은 아주 비쌌죠. 아무 책이나 가져다가 몇 쪽을 베껴 써 보면 수백 쪽을 베끼는 게 얼마나 힘든지 상상할 수 있을 거예요! 한국과 중국, 일본을 비롯한 아시아 나라에서는 이미 7세기부터 나무로 깎은 활자판을 만들어 인쇄했죠. 하지만 한 쪽 전체에 들어갈 글과 그림을 직접 조각해야 했기 때문에 이 방식도 시간이 많이 들었어요.

활자는 여러 번 거듭 사용되었어요. 인쇄를 마치고 나면 뺐다가 다시 다른 곳에 끼우면 되었으니까요.

구텐베르크의 발명 덕분에 스트라스부르 지방에서는 1605년부터 최초의 신문이 인쇄되었죠.

뛰어난 금세공인이었던 구텐베르크는 인쇄기를 만드는 데 자기 재주를 십분 활용했어요. 대문자와 소문자를 포함한 다양한 형태의 활자를 만들 수 있었죠. 그리고 이 활자를 조합해 단어를 만든 다음 다시 분리해 상자에 보관했어요. 구텐베르크는 속이 텅 빈 거푸집에 납과 다른 금속의 혼합물을 부어 각각의 활자를 만들었죠.

인쇄기의 발명은 기술 혁명을 몰고 왔어요. 인쇄기 덕분에 책을 만들기가 훨씬 쉬워져서 점점 더 많은 사람들이 읽는 법을 배우고 다양한 주제에 대해 연구할 수 있었죠. 이전에는 오랜 세월 동안 얼마 안 되는 사람들만이 글을 읽었고 이들이 어떤 정보를 사람들에게 알릴지 결정하는 힘을 가졌어요. 나머지 사람들에게 역사를 어떻게 선전하고 알릴지에 대해서도 이들이 마음대로 했죠. 하지만 구텐베르크의 발명 덕분에 다른 나라의 언어를 비롯해 다양한 주제를 배우는 일이 아주 부자가 아니어도 가능해졌어요. 다음 세기 동안 전 세계적으로 수백만 권의 책이 인쇄되었죠. 꽤 많아 보이지만 오늘날 세상에 존재하는 책에 비하면 얼마 되지 않아요. 지금껏 전 세계적으로 팔려나간 『해리 포터』 책만 해도 5억 권이 넘는답니다!

전 세계에서 가장 무거운 책은 1958년에서 1961년 사이에 스페인의 화가 **살바도르 달리**가 참여해서 만들어진 예술 작품인 『묵시록』이에요. 이 책은 큼직한 양피지 300쪽으로 이뤄졌고 무게가 210킬로그램이나 나갔죠. 완전히 자란 수컷 사자 정도의 무게였어요!

살바도르 달리

지금껏 『구텐베르크 성경』은 180권 인쇄되었고 그 가운데 49권이 아직 남아 있어요.

오랫동안 고전 동화는 입에서 입으로만 전해졌죠. 이런 관습을 독일의 **그림 형제**가 바꿨어요. 인쇄기가 발명된 덕분에 1812년에 베를린에서 『어린이를 위해 가정에서 들려주는 이야기』 1권을 출간했거든요. 이 책에는 86개의 이야기가 실렸고 「잠자는 숲속의 공주」, 「헨젤과 그레텔」도 들어 있어요.

인쇄된 책들 가운데 역사상 최초로 베스트셀러가 된 책은 『구텐베르크 성경』으로 거의 1,300쪽이었죠. 한 페이지가 2개의 세로 칸으로 이뤄졌고 각각의 칸에 42줄의 글이 들어가 있다는 이유로 B42라 불리기도 해요.

유명한 미국의 작가 **마크 트웨인**은 구텐베르크의 발명에 대해 이렇게 말했어요. "세속의 역사에서 인간에 의해 일어난 사건 가운데 무엇과도 비교할 수 없을 만큼 영향력이 대단했던 일이었다."

이 사람은 『해리 포터』 시리즈를 쓴 작가 **J. K. 롤링**이에요.

『음유시인 비들 이야기』는 영국의 작가 J. K. 롤링이 쓴 또 다른 책이에요. 처음에는 7권만 만들어서 각각을 롤링이 직접 손으로 베끼고 그림을 그렸죠. 그러다 1년 뒤에 인쇄본이 처음 나왔어요. 이전에 손으로 베꼈던 판본은 경매에서 거의 400만 달러에 팔렸고 이 금액은 어린이 자선 사업에 사용되었죠! 이 책에 나오는 동화들은 『해리 포터』 마법 세계 속 어린이라면 익숙한 내용이에요. 비록 해리와 헤르미온느는 보통 사람을 뜻하는 머글의 손에 키워졌기 때문에 이 내용을 잘 몰랐지만요.

(1821년)

점자

16살의 **루이 브라유**는 6개의 점으로 세상을 바꿨어요.
앞이 보이지 않는 맹인들이 글을 읽고 쓸 수 있는
알파벳 체계를 발명했죠.

A B C D

브라유는 주사위와 비슷하게 6개의 점을 조직해서 글자를 만들었어요. 가장 간단한 글자인 'a'는 왼쪽 위에 점 하나가 있는 거예요.

루이 브라유

브라유의 인생은 불운한 사건으로 시작되었어요. 3살 무렵 브라유는 아버지의 도구를 갖고 놀다가 실수로 한쪽 눈을 찔렀어요. 이 부상으로 눈이 감염되었고 얼마 지나지 않아 다른 눈에도 감염이 퍼졌죠. 그 결과 5살의 나이에 브라유는 완전히 눈이 멀었어요. 하지만 브라유는 무척 의지가 강했기 때문에 앞이 보이지 않는다는 이유로 모든 것을 포기하고 싶지 않았죠. 브라유의 아버지는 나무에 못을 박아 글자 형태가 배열된 블록을 만들어 주었어요. 이 블록으로 부모님은 브라유에게 알파벳을 가르쳤죠. 당시 파리에 최초의 맹인 학교가 세워져서 브라유는 10살에 이 학교에 입학했어요.

맹인 어린이들은 주로 선생님의 말을 듣고 따라 하는 방식으로 배웠어요. 이것을 '앵무새' 방식이라 불렀는데 무척 힘들고 지루했죠! 그러다가 브라유가 11살일 때 학교에 한 손님이 찾아왔어요. 샤를 바르비에라는 이름의 이 손님은 군인이었죠. 바르비에는 맹인 학교 아이들에게 군대에서 비밀 메시지를 보낼 때 사용하는 특별한 형태의 글자 체계에 대해 알려 주었어요. 자기가 직접 발명한 것이었죠.

R S T

E F G H I J K L M N O P Q

샤를 바르비에

이것은 바르비에가 만든 '야간 문자'에요. 브라유가 맹인들을 위한 알파벳을 발명하는 데 영감을 주었죠.

또 브라유는 수학 기호와 음표를 표현하는 점의 조합도 개발했어요. 맹인 학교 교장 선생님은 브라유의 발명품이 꽤 괜찮다고 격려해 주었고 동급생인 학생들도 열광적인 반응을 보였죠.

1878년부터는 이 분야의 전문가들이 브라유의 글자 체계를 맹인 학교에서 공식적으로 사용하도록 결정했어요. 오늘날 브라유의 점자는 전 세계 다양한 언어로 사용되고 숫자, 음표, 화학식과 수학식까지 표현해요. 가끔은 점들의 조합 하나가 동시에 여러 가지를 의미하기도 하지만요. 예컨대 독일어로 'ch'를 뜻하는 점자는 영어에서는 'th'이고 아랍어와 히브리어에서는 'T' 소리를 뜻해요. 점자는 신용카드나 보험증에도 있죠. 그리고 당연히 점자로 된 책도 만들어졌어요. 예컨대『숲속 괴물 그루팔로』라든가『해리 포터와 마법사의 돌』같은 책이 보통 판본에 비해 보다 크고 두꺼운 점자본으로 제작되었죠.

바르비에는 이 글자를 '야간 문자'라고 불렀어요. 그리고 종이에 오돌토돌하게 인쇄된 점이 글자와 음절을 의미하기 때문에 손으로 종이를 만져 읽을 수 있다고 설명했죠. 이렇게 하면 군인들이 깜깜한 밤에 손전등 없이도 글자를 읽을 수 있었어요. 여기에 대해 들은 브라유는 맹인들이 손으로 글자를 읽을 수 있도록 점을 이용한 글자 체계를 만들면 좋겠다고 생각했어요.

그로부터 몇 년 뒤 브라유는 6개의 점으로 알파벳을 만들었죠. 이 체계는 꽤 창의적이었어요. 점 6개를 조합하면 64가지의 서로 다른 방식으로 글자와 숫자를 표현할 수 있었죠.

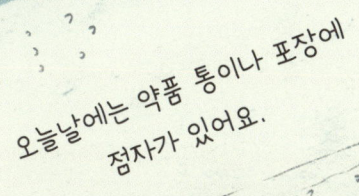

오늘날에는 약품 통이나 포장에 점자가 있어요.

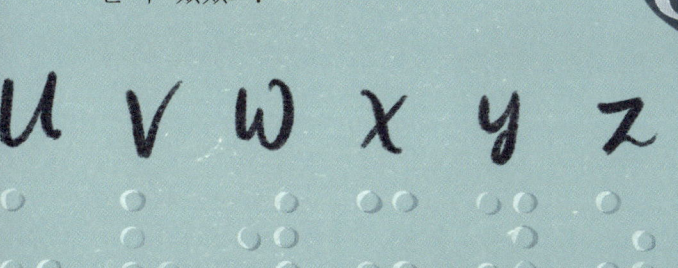

U V W X Y Z

포스트잇

1974년

아트 프라이는 합창단원이었죠. 악보집의 여기저기에 표시를 해야 했던 프라이는 종잇조각을 끼워 넣곤 했어요. 하지만 종잇조각은 금방 떨어졌죠.

그래서 프라이는 쉽게 붙였다가 뗄 수 있는 작은 노트 조각을 만들면 좋겠다고 생각했죠. 프라이는 화학 기술자였고 미국에서 큰 회사의 연구팀에서 일하고 있었어요. 프라이는 연구팀 동료인 스펜서 실버가 1968년에 꽤 강력한 풀을 연구했다는 사실을 기억했죠. 실버는 결국 풀을 개발하는 데 성공했지만 어떤 표면이든 쉽게 붙었던 반면 아주 강력하지는 않아서 떼면 잘 떨어졌어요. 프라이는 이 풀이 책 사이에 붙일 노트 조각을 만드는 데 딱 알맞다고 생각했죠. 그래서 이 풀을 종이에 발랐고 나중에 종이를 떼도 책의 페이지가 찢어지거나 끈적거리는 풀이 남지 않게 연구했어요.

처음에 포스트잇은 색깔이 다 같았어요. 밝은 노란색 1종류뿐이었죠(요즘에도 이 색상이 많아요). 이렇게 된 이유는 포스트잇을 만들 때 가장 가까운 실험실에 노란색 종이밖에 없었기 때문이었어요. 단지 우연이었죠!

오늘날에는 파스텔색이나 네온색인 포스트잇, 하트 모양이거나 말풍선, 화살표 모양인 포스트잇도 나왔어요.

아트 프라이

스펜서 실버

하지만 프라이는 이 제품의 장점에 대해 회사 사장을 설득하지 못했어요. 사장은 포스트잇을 보고 단지 끈적이는 종잇조각이라고 무시했죠. 이런 반응은 무척 실망스러웠지만 프라이는 포기하지 않았어요. 프라이와 부서장은 끈끈한 포스트잇을 활용해 짧은 메시지나 앞으로의 계획, 문서를 주고받는 데 사용했어요. 결국에는 회사 사장도 마음을 바꿨죠. 그리고 다른 회사 사장들을 설득하고자 직원들은 포스트잇이 얼마나 쓸모가 많은지 설명하는 훈련을 받았죠. 꽤 많은 사람들이 이 발명품이 무척 유용하다고 생각했고 오늘날에는 20세기 들어 가장 인기 있는 발명품으로 손꼽혀요. 100개 이상의 나라에서 포스트잇이 사용되고 있죠.

매년 생산되는 포스트잇을 죽 이어붙이면 길이가 1,000만 킬로미터나 될 거예요. 이 길이면 지구에서 달까지 여러 번 왕복할 수 있어요!

포스트잇을 생산할 때는 먼저 길이가 9킬로미터에 이르고 무게가 800~900킬로그램인 두루마리 종이부터 시작해요. 이 두루마리는 북극곰이나 장수거북 1마리의 무게와 맞먹죠.

그런 다음 종이에 특수한 풀을 '바르고' 가로 세로 1.5미터 크기로 잘라요. 그런 다음 100장을 쌓고 작게 잘라 실제로 사용하는 크기의 포스트잇 뭉치를 만들죠.

방사능

1898년

마리 퀴리는 방사능 원소와 그 특성을 발견한 과학자예요.
1903년에는 여성 최초로 전 세계 과학계에서 가장 중요한 상인 노벨상을 받았죠.
그렇게 노벨 물리학상을 받은 뒤, 1911년에는 또 노벨 화학상까지 받았어요.

4살의 나이에 마리는 이미 글을 읽고 수학 문제를 풀었어요. 자라면서 마리는 고향인 폴란드 바르샤바를 떠나 파리로 이사했죠. 당시 폴란드에서는 여성이 공부를 하도록 허락되지 않았지만 마리는 결코 그만둘 생각이 없었어요. 1891년부터는 파리의 명문인 소르본 대학에서 물리학을 공부하기 시작했죠. 그때까지 마리를 제외하면 이 대학에 등록한 여성은 20명뿐이었어요. 여기에 비하면 남성은 1,800명도 넘었고요. 마리는 시험을 칠 때마다 모든 과목에서 1등을 차지했어요. 1894년에는 물리학자 피에르 퀴리를 만나 사랑에 빠져 결혼을 했고, 이후로 모든 연구를 함께했죠. 마리는 이전에 알려지지 않았던 화학 원소인 폴로늄과 라듐을 발견하고 이 원소에 방사능이 있다는 사실을 알아냈어요. '방사능'이라는 용어도 마리가 직접 만들었죠.

마리 퀴리가 라듐이란 원소를 발견한 이후 '라듐'이라는 단어가 유행해 이 이름을 딴 식당이나 영화관이 생기기도 했어요.

1921년에 미국 대통령 워런 G. 하딩은 미국 기자들의 호소를 듣고 마리 퀴리에게 라듐 1그램을 선물했어요. 퀴리를 위해 모금해서 마련한 라듐이었죠. 이것은 꽤 값어치가 나가서 퀴리는 이후 연구를 계속할 수 있었어요.

방사선은 눈에 보이지 않으며 고체를 어느 정도 통과해요. 우리가 방사선을 직접 느낄 수는 없지만 어떤 물질이 방사능을 띠면 어둠 속에서 빛을 낼 만큼 방사선이 강해지죠. 그리고 라듐은 암세포와 맞서 싸우는 힘이 있어 곧 관련 연구 분야에서 뜨거운 주제가 되었어요.

마리 퀴리는 살면서 종종 뭔가를 처음 해내거나 처음 만든 사람이 되곤 했어요. 예컨대 프랑스에서 여성 최초로 대학 강의를 맡은 여성이기도 했죠.

1차 세계 대전이 벌어지는 동안 마리 퀴리는 방사선학으로 관심사를 옮겼어요. 이동 가능한 엑스선 촬영기기를 만들고 20대의 방사선 트럭에 실었죠. 이 기기를 이용해 부상당한 군인들의 몸에서 부러진 뼈나 탄환을 들여다볼 수 있었어요. 병원은 전쟁터에서 보통 멀리 떨어져 있었기 때문에 이 차량으로 많은 목숨을 살렸죠.

마리 퀴리

마리 퀴리의 엑스선 기기 차량은 '작은 퀴리'라고 불렸어요.
마리는 이 차량을 직접 운전하기 위해 면허를 따기까지 했죠.

엑스선은 전자기선의 하나에요. 고체 내부를 들여다볼 수 있게 해 주는 특별한 성질이 있죠. 이 성질에 대해서는 1895년 독일의 과학자 빌헬름 콘라트 뢴트겐이 발견했어요. 뢴트겐은 엑스선을 활용하면 몸속을 볼 수 있다는 사실을 깨달았죠. 온갖 뼈와 기관까지 속속들이 말이에요.

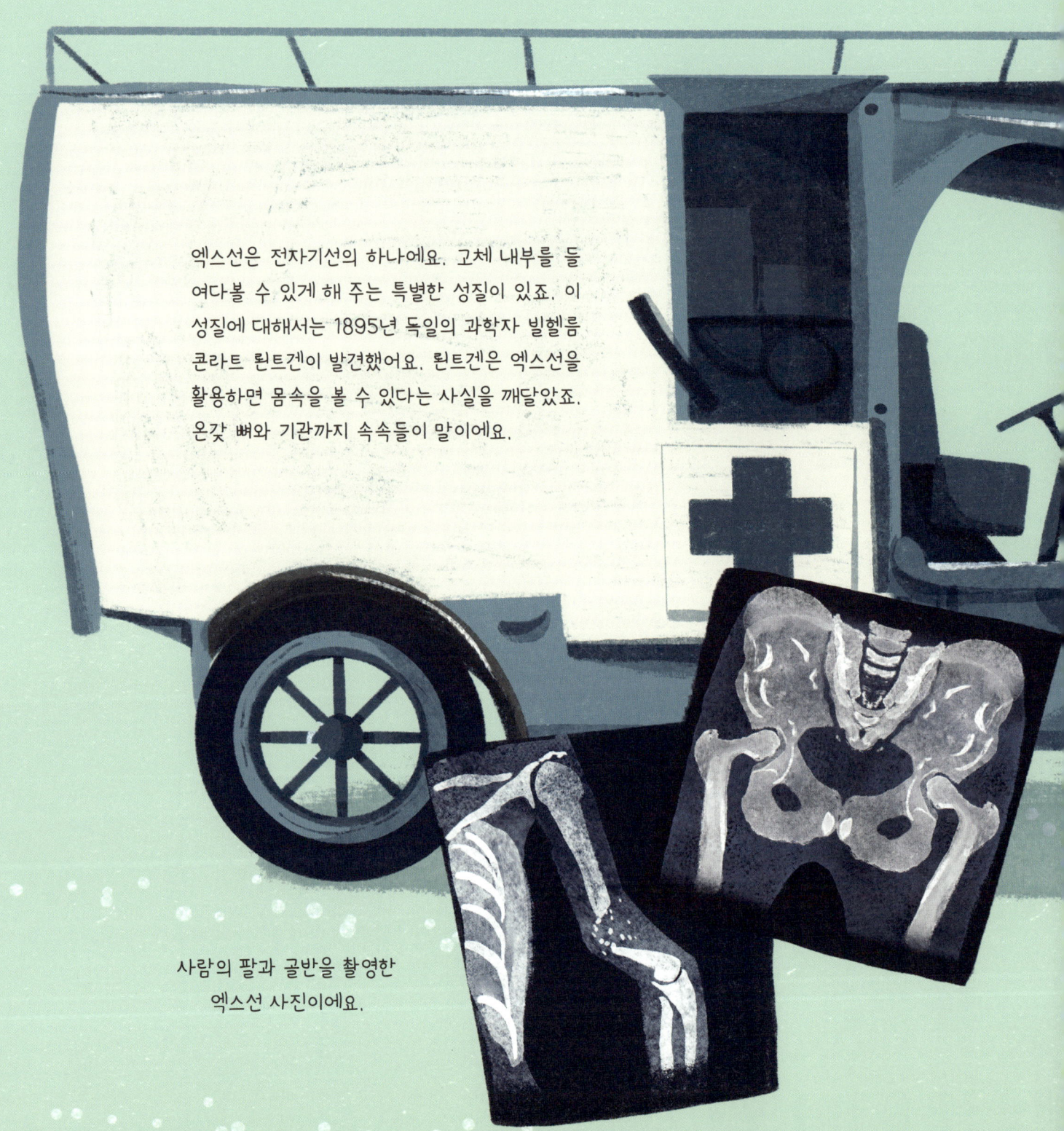

사람의 팔과 골반을 촬영한
엑스선 사진이에요.

마리 퀴리는 딸 이렌과 함께 다른 여성들에게 엑스선 기기 다루는 법을 가르쳤어요. 전쟁이 끝난 이후에도 방사선학은 의학에서 중요한 역할을 했어요. 오늘날까지도 그렇죠. 그리고 마리는 라듐에 대한 연구를 계속 이어갔어요. 사실 지금껏 단 한 번도 일이나 공부를 멈추지 않았죠.

라듐은 당시에 알려졌던 어떤 물질보다도 방사능이 강했어요. 자연에서 발견되는 화학원소 가운데 가장 희귀한 원소로도 꼽혔죠. 마리는 1934년에 사망했는데, 발견했던 화학원소에서 나온 방사능 때문에 병이 들었던 거예요. 마리의 딸 이렌도 물리학자이자 화학자가 되었고, 역시 나중에 노벨상을 받았어요. 이렌은 어머니가 발견했던 화학원소를 계속 연구했고 어머니와 비슷하게 건강이 안 좋아졌죠. 이렌이 백혈병에 걸린 건 아마 이 화학원소 때문이었을 거예요.

이렌 퀴리

마리 퀴리의 공책과 스케치, 심지어는 요리 레시피를 적은 메모도 잘 보존되어 남아 있죠. 하지만 이 자료는 방사능에 심하게 오염된 상태라 우리가 만지려면 보호복을 입어야 해요.

1590년

현미경

무언가를 아주 가까이 관찰하다보면 더 많은 사실을 알게 되죠. 현미경은 아주 작은 대상을 확대하는 도구에요. 그래서 눈에 보이지 않을 만큼 조그만 대상을 연구하는 데 쓰이죠. 그런 조그만 대상은 우리 주변에 아주 많답니다!

현미경이 발명되지 않았다면, 우리는 세균이 존재하는지조차 몰랐을 거예요. 그랬다면 우리를 병들게 하는 원인이 무엇인지 결코 알 수 없었겠죠. 그리고 과학자들은 인간의 유전에 대해서나 세포가 어떻게 분열하는지도 몰랐을 거예요. 이런 모든 지식은 질병과 맞서 싸우는 노력을 벌이는 데 중요하죠.

최초의 현미경이 만들어진 것은 16세기 말이었어요. 당시에는 대상을 실제 크기의 9배까지 확대할 수 있었죠. 이후로 과학자들은 자연스레 여러 대상을 보다 선명하게 관찰하게 되었고, 그래서 보다 많은 발견이 이뤄졌어요. 그 뒤로 네덜란드의 발명가 안톤 판 레이우엔훅은 사물을 거의 270배까지 확대하는 현미경을 만드는 데 성공했죠.

돋보기는 작은 글자를 2배에서 6배 더 크게 보여줘요.

'미크로스'는 그리스어로 '작다'는 뜻이에요. 그리고 '스코프'는 '관찰하다'는 뜻의 '스코페인'에서 왔죠. 둘을 합친 마이크로스코프는 현미경을 뜻해요.

판 레이우엔훅은 자기 치아의 플라크 속 세균을 찾아내 관찰하기도 했어요. 일부러 한동안 양치질을 하지 않았지만 그 사실은 아무에게도 말하지 않았죠.

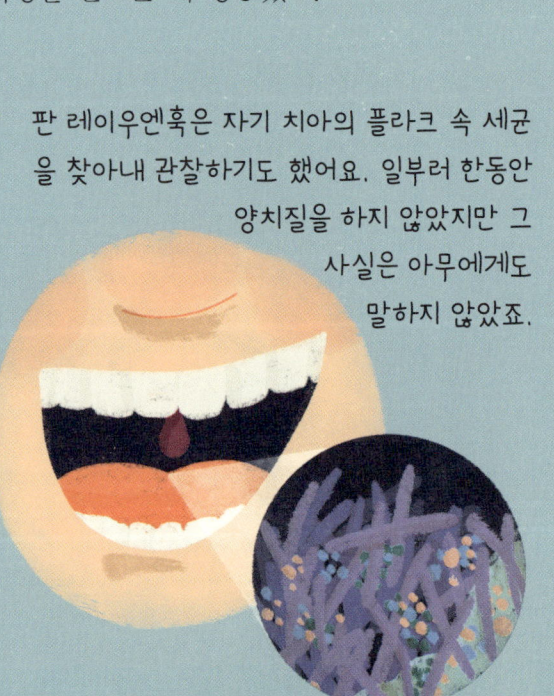

현미경으로 관찰한 세포와 세포핵의 모습이에요.

이것은 중대한 발전이었어요. 여기서 레이우엔훅은 생물 몸속의 모세혈관(아주 작은 혈관)과 개구리 발 내부에서 움직이는 적혈구 입자를 발견했어요. 과학에서 특히 중요했던 업적은 세균의 발견이었어요. 연못이나 빗물, 사람의 침, 치아의 플라크에도 세균이 살죠. 이 관찰 결과는 미생물에 대한 연구가 시작되는 계기가 되었어요. 그리고 우리를 병들게 하는 세균이 무엇인지 알아내게 되었죠.

집먼지진드기는 눈에 보이지는 않지만 집에서 우리와 같이 사는 생물이에요. 현미경으로 관찰하면 어떻게 생겼는지 볼 수 있어요. 집먼지진드기는 몸길이가 0.5밀리미터도 되지 않고, 눈이 보이지 않으며 우리 침대와 소파에 살면서 먼지를 먹고 살아요. 생김새를 보면 그렇게 예쁘지 않아서 슈퍼히어로 영화에 나오는 외계 괴물 역할도 충분히 할 것 같죠.

판 레이우엔훅은 황동 판 사이에 작은 렌즈들을 끼워 넣었죠.

판 레이우엔훅이 연못물에서 관찰한 놀라운 생물들이에요. 예전에는 결코 이런 대상을 관찰할 수 없었죠. 마치 조그만 동물처럼 보였어요. 사람들은 그의 말을 믿지 않았지만, 어쨌든 판 레이우엔훅은 세균을 비롯한 단세포 생물을 발견한 셈이었어요.

안톤 판 레이우엔훅

에른스트 루스카

이것들은 우리 장에 사는 좋은 세균이에요.

하지만 이 장 세균들은 병을 일으킬 수도 있죠.

판 레이우엔훅이 만든 장치는 '광학 현미경'이라고 불려요. 빛의 도움을 받아 사물을 확대하기 때문이죠. 여러분이 학교 여기저기를 둘러보면 광학 현미경을 찾을 수 있을 거예요. 하지만 오늘날의 광학 현미경은 판 레이우엔훅의 시대에 썼던 현미경과는 많이 다르죠. 광학 현미경은 다음과 같은 원리로 작동해요. 대물렌즈와 빛의 도움으로 빛을 투과하는 얇은 사물의 확대된 상이 만들어지죠. 그러면 여러분은 접안렌즈를 통해 이 상을 바라보는데, 접안렌즈는 돋보기처럼 상을 보다 더 확대시키죠.

하지만 광학 현미경이 확대할 수 있는 비율은 한계가 있어요. 그래서 프랑스의 물리학자 루이 드 브로이는 사물을 더 확대할 방법을 찾아 나섰죠. 그 결과 1924년에 드 브로이는 물질을 이루는 음전하를 띤 작은 입자인 움직이는 전자를 활용해 표본을 확대할 수 있다는 사실을 발견했어요. 아주 얇은 유리판에 올려 현미경으로 볼 수 있게 준비한 대상의 조각을 표본이라고 해요. 표본은 곤충이나 식물의 일부일 수도 있죠. 그리고 1931년에 독일의 전자 공학자 에른스트 루스카는 상을 200만 배나 확대하는 전자 현미경을 만들었답니다! 그 결과 과학자들은 바이러스처럼 아주 작은 생명체의 구조에 대해서도 연구할 수 있게 되었어요.

광학 현미경의 특별한 한 종류인 STED 현미경 덕분에 우리는 DNA까지 연구할 수 있게 되었어요. DNA란 우리 몸의 모든 부위에 있는 일종의 조립 설명서예요. 몸속 모든 세포의 핵 안에 있죠.

전자 현미경에서는 전자 빔이 만들어져요. 슈퍼히어로가 현미경의 관을 따라 빔을 쏘는 장면을 상상해 봐요. 그 빔이 여러분이 관찰하려는 표본의 일부에 맞으면, 표본에서도 전자가 방출되고 그 전자가 현미경에 붙잡혀요. 그리고 전자 빔은 서서히 표본 전체에 조금씩 다다르죠. 이때 튕겨 나온 전자가 현미경에 붙잡히면서 전부 합쳐져 어떤 상을 이뤄요. 이것이 표본을 아주 많이 확대한 모습이죠.

2014년에는 고성능 광학 현미경을 만들어 생물 세포 속의 개별 분자들을 연구하는 길을 열었다는 공로로 독일과 미국 화학자 팀에게 노벨 화학상이 수여되었어요. 한 분자는 여러 개의 원자로 구성되죠. 예컨대 물 분자(H_2O)는 2개의 수소 원자와 1개의 산소 원자로 이뤄져요. 이 화학자들은 두뇌의 여러 신경 세포 사이에서 분자들이 어떻게 움직이는지와 수정란 속 단백질 하나하나의 모습까지 관찰할 수 있었죠.

루이 드 브로이

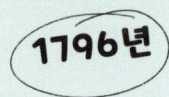 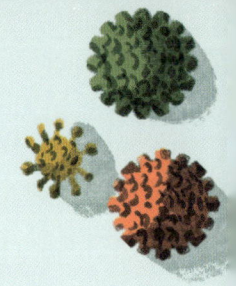

백신

천연두는 여러 세기에 걸쳐 수백만 명 넘는 사람들을 죽인 무시무시한 병이었어요. 하지만 한 젊은 의사가 병을 예방하는 백신을 만들었죠. 말 그대로 사람의 목숨을 구한 셈이에요! 그런데 이 백신을 만드는 과정에서 소가 도움을 주었답니다.

유명한 이야기에 따르면, 어느 날 한 우유 짜는 여자가 영국의 의사 **에드워드 제너**에게 자기는 절대 천연두에 걸리지 않는다고 말했어요. 그 말은 제너의 호기심을 자극했죠. 이 여성은 자기가 이미 소에게서 우두를 옮아 걸린 적이 있기 때문에 다른 형태의 두창에도 면역이 생겼다고 설명했어요. '면역'이란 우리 몸이 특정 질병을 일으키는 원인에 대해 무감각해지는 것을 뜻해요.

사람이 우두에 감염될 수는 있지만 우두가 그렇게 위험한 병은 아니었죠. (오늘날에도 가끔 감염되는 사람들이 있어요.) 제너는 이 연구 과제에 대한 열정이 불타올랐어요. 우유 짜는 여자의 말을 듣고 제너는 우두에 감염된 사람의 몸이 다른 형태의 두창에 대항해 스스로 방어하는 능력을 키웠다고 추론했어요.

'바카'는 라틴어로 소를 뜻해요. 그래서 제너는 자기의 발명품에 이 단어에서 딴 '백신'이라는 이름을 붙였죠.

천연두에 대한 면역을 가진 사람들의 수가 점점 늘고 있지만, 이 병은 20세기까지도 계속 남아 있었어요. 그러다가 1967년에 세계 보건 기구에서 천연두가 박멸되었다고 선언했죠. 유럽에서는 천연두 백신 접종이 이미 의무화된 상황이었어요. 의사들은 당시 병이 아직 여기 저기 전파되던 인도나 아프리카에 가서 사람들에게 백신을 접종했죠.

오늘날에는 유행성 이하선염, 홍역, 풍진을 포함해 한때 인류에게 무척 위험했던 여러 질병을 예방하는 백신이 만들어졌죠.

그리고 1796년에는 조금 위험한 한 실험을 했죠. 일단 제너는 우두에 걸린 적 있던 다른 우유 짜는 여자의 몸에 난 물집을 쨌어요. 이 여성의 이름은 세라 넬름스였죠. 그리고 물집에서 고름을 짜서 자기 정원사의 아들인 8살짜리 소년 **제임스 핍스**의 위쪽 팔에 넣었어요. 핍스는 열이 나고 몸이 아팠지만 곧 회복되었죠. 그 다음으로 제너가 했던 행동은 무척 위험해서 오늘날이라면 허락되지 않을 만했어요. 하지만 제너는 소년의 몸에 해가 되지 않을 것이라고 확신했죠. 이번에도 다른 환자의 고름을 핍스에게 주입했지만, 이번에는 목숨을 앗아갈 수도 있는 병인 천연두를 앓았던 환자의 고름이었어요. 그러자 소년은 병을 앓지 않았죠. 면역이 생겼기 때문이에요. 정말 기적 같았죠! 제너는 다른 아이와 어른들에게도 같은 실험을 해서 성공을 거뒀어요. 하지만 당시 영국의 가장 유명한 과학기관인 왕립협회에서는 제너의 연구를 믿지 못해 증거를 요구했죠. 그래서 제너는 실험 결과를 직접 발표하기로 했어요. 그 논문은 전 세계에 알려졌죠. 마침내 제너는 왕립협회의 회원이 되었고, 제너가 '백신'이라고 부른 이 발명은 천연두로부터 사람을 보호하는 방법으로 알려졌어요.

에드워드 제너

제임스 핍스

트랜지스터

1947년

트랜지스터는 마이크로칩에서 가장 중요한 구성요소에요.
전류를 조절하고 전기 신호를 변화시키거나 증폭하죠.

트랜지스터를 발명한 사람은 **존 바딘**과 **월터 브래튼**이에요. 미국의 물리학자였던 바딘은 노벨 물리학상을 2번이나 받을 정도로 뛰어난 과학자였죠. 어린 시절부터 성적이 좋아 자기 또래보다 몇 년을 월반할 정도였어요. 바딘은 15세의 나이로 위스콘신 대학에 입학해 전자공학, 수학, 물리학을 공부했어요.

그리고 몇 년 뒤 프린스턴 대학, 하버드 대학 같은 유명한 대학교에서 공부를 계속했죠. 얼마 지나지 않아 바딘은 20세기의 중요한 발명이 많이 이뤄졌던 뉴저지의 벨 연구소라는 유명한 직장에서 일하게 되었어요. 최초의 통신 인공위성, 태양열 전지, 이동 통신 기술을 개발한 대단한 연구소였죠.

존 바딘

월터 브래튼

이곳에서 바딘은 동료 물리학자 브래튼과 함께 특정 고체('반도체'라고 알려진)와 금속의 전도율에 대해 연구했어요. 그리고 1947년 크리스마스이브에 두 사람은 최초의 양극성 트랜지스터를 선보였죠. 이후로 이 발명품 덕분에 얼마나 많은 크리스마스 선물이 탄생했는지 당시에는 결코 몰랐죠. 트랜지스터라는 발명품은 전자공학의 혁명을 이끌었다고 해도 과언이 아니에요.

트랜지스터는 컴퓨터에 쓰일 뿐 아니라 라디오나 조명, 온도 센서, 충전기, 계기 장치에도 사용돼요. 심지어는 우주여행에도 쓰인답니다.

양극성 트랜지스터는 3가지의 부품으로 이뤄져요. 콜렉터, 베이스, 이미터죠.

'트랜지스터'라는 단어는 다른 두 단어를 조합해 만들어졌어요. '트랜스퍼(옮기다)'와 '레지스터(저항)'를 합친 거죠.

마이크로칩

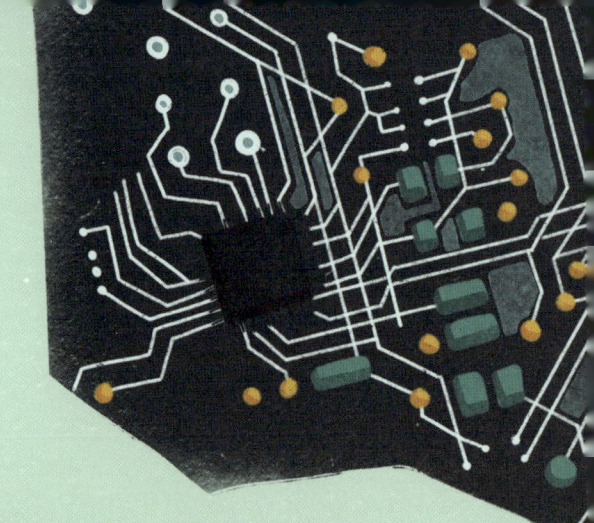

앞서 살폈지만 '마이크로'라는 단어는 그리스어로 '작다'는 뜻이에요. 마이크로칩은 종잇장처럼 얇고 손톱보다 작죠. 이 작은 크기로 사람들의 삶에 이렇게나 큰 변화를 가져온 발명품은 정말 드물 거예요.

일상생활 속 어디든 마이크로칩이 있어요. 컴퓨터에도, 스마트폰에도, 신용카드에도 이 칩이 들어 있죠. 미국의 발명가 **로버트 노이스**와 **잭 킬비**는 1950년대에 각자 다른 회사에서 일하다가 '집적 회로(IC)'라는 것을 함께 개발했어요. 집적 회로는 마이크로칩을 만드는 데 기초가 되었죠. 하지만 당시에는 이 발명품이 얼마나 대단한 영향을 미칠지 짐작도 할 수 없었죠.

집적 회로에 대한 킬비의 첫 발표는 그렇게 흥분되지 않았어요. 사실 킬비는 집적 회로로 무슨 일을 할 수 있을지에 대해서도 잘 몰랐죠. 어쩌면 이 발명품에 대단한 잠재력이 있다는 사실을 어렴풋이 느꼈을지도 모르지만요.

킬비가 보여 준 것은 길이가 11밀리미터가 채 되지 않는 반도체 게르마늄 조각에 트랜지스터(전기적 텐션과 전류를 조절하는) 하나와 다른 작은 부품을 끼워 넣은 물건이었어요. 킬비가 스위치를 올리자 최초의 집적 회로가 곧 사인파를(정상파처럼 하나의 곡선이 계속 반복되는 파동) 그리기 시작했죠. 그리고 그게 다였어요. 아직 이 발명을 활용해 만들어진 다른 제품이 없었거든요.

만약 마이크로칩이 없다면 우리 세상은 지금의 모습과 무척 달랐을 거예요. 여러분의 집을 한번 상상해 보세요. 마이크로칩을 활용한 물건을 쓰지 않고 하루라도 제대로 생활할 수 있을까요? 세탁기도 쓰지 못해 손으로 직접 빨래를 해야 할 테니 정말 힘들겠죠.

반려동물의 피부 아래에 마이크로칩을 삽입할 수도 있어요. 그러면 동물들이 길을 잃었을 때 찾을 수 있죠.

그래도 킬비는 집적 회로로 실험을 계속했고, 결국 직장인 전자제품 제조업체 텍사스 인스트루먼츠 사에서 집적 회로를 이용한 장치를 하나 만들었죠. 바로 휴대용 계산기였어요. 이전에 쓰이던 계산기는 크기가 거의 타이프라이터(「스타워즈」 영화에서 요다 몸집의 절반 정도)만 했지만 이 휴대용 계산기는 작고 가벼웠죠.

오늘날에는 집적 회로로 어떤 일을 할 수 있는지 분명해졌죠. 여러 가지 기능을 아주 작은 장치 안에 모을 수 있었으니까요.

노이스와 킬비는 누가 집적 회로를 발명했는지에 대해 결코 다투지 않았다고 해요. 하지만 이들이 다니던 회사인 페어차일드 반도체 사와 텍사스 인스트루먼츠 사는 어느 회사의 실험실에서 집적 회로를 처음 만들었는지를 두고 끊임없이 다퉜죠. 어쨌든 나중에 킬비는 노벨 물리학상을 받았고, 노이스는 전 세계에서 가장 큰 마이크로칩 생산업체인 소프트웨어 회사 인텔을 설립했답니다.

집적 회로는 컴퓨터의 발전 과정에서 중요한 역할을 했어요. 1959년에 만들어진 최초의 마이크로칩에는 실리콘으로 만든 칩에 4,000개 안 되는 작은 트랜지스터가 들어 있었죠. 그리고 기술이 점점 개선되면서 몇 제곱밀리미터 크기의 마이크로칩에 수십억 개의 트랜지스터가 들어가게 되었어요.

전구 (1802년)

전구 덕분에 전 세계가 갑자기 훨씬 밝아졌죠. 이 발명품은 지구라는 행성을 전깃불로 밝게 물들였어요.

험프리 데이비 경

일단 전구가 발명되자 사람들은 원하는 만큼 집을 환하게 밝힐 수 있었어요. 지금껏 사용했던 어떤 불빛보다도 밝았죠. 하지만 이 발명에는 복잡한 사연이 얽혔을 뿐 아니라 발명가들 사이에 누가 먼저 만들었는지 경쟁이 붙었어요. 여러분이 경제적으로 엄청난 보상이 기다리고 있는 복잡한 문제를 풀고 있는데, 똑같은 문제를 푸는 다른 사람들이 있는 셈이었죠. 그래서 사람들은 1등을 차지하기 위해 서둘렀어요!

워런 드 라 루

19세기 초반, 영국의 화학자 **험프리 데이비 경**은 막 발견된 전기를 활용해서 전선과 탄소 조각을 자기가 만든 전지와 연결해 빛나게 했어요.

1835년에는 스코틀랜드의 **제임스 보먼 린지**가 몇 분 동안 연속으로 빛을 내는 전기 램프를 만드는 데 성공했죠.

그리고 1840년에는 영국의 화학자이자 천문학자였던 **워런 드 라 루**가 데이비의 발견을 활용해 백금 전선으로 빛을 냈어요.

제임스 보먼 린지

1850년에는 또 다른 영국 발명가 **조지프 윌슨 스완**이 탄화된 종이 필라멘트를 유리 전구 속에 넣는 아이디어를 냈죠. 그로부터 10년 안에 스완은 문제없이 작동하는 전구를 만들었어요. 이 방식으로 하면 필라멘트가 너무 빠르게 끊어지거나 타 없어지지 않았죠. 1878년에 스완은 더 성공적인 실험을 해냈어요. 탄화된 솜 필라멘트를 넣은 유리 전구에서 공기를 빼냈던 거죠. 여기에 전기를 흘려보내자 필라멘트에서 빛이 났어요.

한편 1848년에 미국에 이민 온 독일의 시계 제작공이자 발명가 **하인리히 괴벨**은 당시에 자기도 탄화된 실을 안에 넣은 전구를 실험했다는 기록을 남겼죠.

하인리히 괴벨

세상에 빛보다 더 빠르게 움직이는 건 없어요. 빛은 1초에 30만 킬로미터의 속도로 달리죠. 「스타워즈」에서 우주선 밀레니엄 팔콘 호의 속도도 이 정도예요. 하지만 등장인물 한 솔로에 따르면 이 우주선은 사실 빛보다 1.5배 빠른 속도를 낼 수 있다고 해요.

조지프 윌슨 스완

토머스 앨바 에디슨

89

이후 1879년에 **토머스 앨바 에디슨**은 오래 빛을 내는 최초의 전구를 만들었죠. 에디슨은 유리 전구 속을 진공으로 해서 탄화된 대나무 섬유로 만든 필라멘트가 보다 오래 빛나게 했어요. 이 전구는 약 1,000시간이나 빛을 냈죠. 에디슨은 이미 미국에서 발명가로 명성이 있던 사람이었어요. 자기 연구소를 세우고 연구 팀과 함께 일했죠. 여기서 이들은 6,000개의 소재로 시험을 거쳐, 마침내 탄화된 대나무가 가장 좋은 재료라고 결론 내렸어요. 에디슨의 회사는 이 램프를 대량 생산하기 시작했죠.

물론 에디슨의 전구는 전기가 있어야만 빛을 내요. 그래서 에디슨은 1882년에 자기가 사는 도시인 뉴욕에 발전소도 한 곳 세웠어요.

에디슨은 1880년에 자기가 만든 전구에 대해 특허를 신청했죠. 하지만 스완이 여기에 대해 고소장을 제출했어요. 스완은 이미 1878년에 영국에서 탄화 필라멘트를 이용한 전구를 만들어 특허를 낸 상태였죠. 이 논쟁이 벌어지는 가운데 앞서 등장한 괴벨도 자기도 전구를 발명했다며 끼어들었어요. 하지만 괴벨의 주장에는 근거가 없었기 때문에 설득에 실패했죠. 나중에 스완과 에디슨은 결국 힘을 합쳤고 1883년에는 영국에서 전구를 제조하는 회사인 에디슨 앤 스완 사를 설립했어요. 하지만 전기 산업을 크게 확장시킨 사람이 에디슨인 만큼 오늘날 스완보다는 에디슨이 잘 알려져 있죠. 에디슨은 스스로를 선전하는 데도 무척 능수능란했고 신문 기사나 사람들의 대화 주제에 주기적으로 오르내리려고 굉장히 노력했어요.

런던이나 뉴욕, 상하이 같은 대도시에는 밤에도 인공 불빛이 너무 많아서 하늘의 별을 보기 힘들어요.

하지만 너무 환한 전깃불은 부작용도 낳았어요. 예컨대 곤충들이 가로등을 달인 줄 알고 지칠 때까지 가로등 주위를 뱅뱅 돌았죠. 곤충은 달을 보고 방향을 찾기 때문이었어요. 사람들 또한 환한 빛에서 잠깐 멀어져야 몸이 휴식을 취하고 편하게 잠들 수 있어요. 특히 휴대폰이나 태블릿의 불빛은 우리 몸을 혼란스럽게 하죠. 이런 기기의 불빛은 대낮의 햇빛과 마찬가지로 청색광을 많이 담고 있어요. 그래서 우리가 피곤할 때도 지금이 낮이라는 신호를 줘서 우리 몸이 잠들지 못하고 깨어 있게 하죠.

오늘날 우리는 에너지를 절약한다는 전구를 쓰곤 해요. 이런 전구는 고전적인 예전 전구에 비해 전기를 적게 소모하죠. 이 예전 전구는 여러 나라에서 사용하지 못하게 금지하고 있고요.

반도체 기술을 활용해서 제작된 전구 또한 기존의 전구에 비해 에너지를 적게 소모해요. 이런 전구를 LED(발광 다이오드) 전구라고 하는데 무척 밝답니다.

우리 지구 곳곳을 환하게 밝히는 인공 불빛은 우주 밖으로 나가야 가장 잘 보여요. 인공위성 사진으로 지구 모습을 볼 수 있죠.

언제든 불빛을 환하게 비출 수 있다는 건, 여러분이 원하는 시간에 책을 읽거나, 일하거나, 뭔가 만들거나, 쓰거나, 그림을 그릴 수 있다는 뜻이죠.

1881년

교류 전기

니콜라 테슬라는 교류 전기를 생산하는 기술을 개발했어요.
교류 전기는 우리가 집에서 플러그를 꽂으면 나오는 전기죠.

테슬라는 평생 100건 넘는 특허를 등록했어요. 머릿속에는 새로운 발명 아이디어가 항상 가득했죠. 예컨대 테슬라는 태양에너지를 이용해 전기를 만든다거나, 무선으로 전력을 공급하는 기술에 대해 고민했어요. 이건 오늘날까지도 과학자들이 연구하고 있는 주제죠. 테슬라는 도로 공사 일꾼, 임시 교사, 전신 기사를 비롯한 여러 직업을 거친 끝에 마침내 발명에 집중하기로 결심했죠. 테슬라는 유럽 최초의 전화 교환수로도 일했는데 그때의 상관이 유명한 헝가리의 발명가였던 **티버더르 푸슈카시**였어요. 이 회사에서 테슬라는 교류 엔진에 대한 아이디어를 떠올렸죠. 테슬라는 이 아이디어를 머릿속에 넣은 채 뉴욕에 가서 다시 한 번 아주 유명한 발명가와 같이 일했어요. 토머스 앨바 에디슨이었죠(비록 몇 달만 같이 일했지만). 그리고 1888년에는 전

테슬라는 여러 발명품 덕분에 시간이 갈수록 유명세를 얻었어요. 그래서 돈도 무척 많이 벌었고 자기 마음대로 마구 썼죠. 예를 들어 넥타이를 사서 1주일만 매고는 버린다거나 아파트나 집에서 사는 대신 비싼 호텔에서 살았어요.

테슬라의 연구실에는 다양한 코일과 장비가 있었어요. 그 한가운데에는 높이가 50미터나 되는 강철 돛대도 있었죠. 방전되는 번개가 여기에 떨어지도록 설계된 돛대였어요.

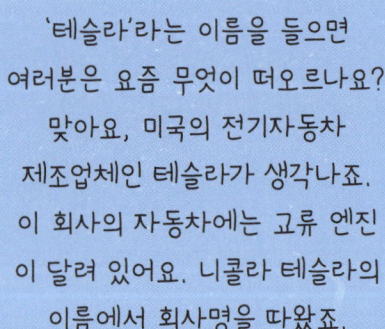

'테슬라'라는 이름을 들으면 여러분은 요즘 무엇이 떠오르나요? 맞아요, 미국의 전기자동차 제조업체인 테슬라가 생각나죠. 이 회사의 자동차에는 교류 엔진이 달려 있어요. 니콜라 테슬라의 이름에서 회사명을 따왔죠.

니콜라 테슬라

테슬라는 자기가 외계 생명과 교신하고 있다고 계속 주장했어요. 동료 과학자들은 그 말이 정말 이상하다고 여겼지만, 테슬라는 자기가 화성에서 온 신호를 받는 중이라고 말했죠. 수십 년이 지나 과학자들은 이것이 어쩌면 목성에서 온 자연적인 전파를 말하는 게 아닌가 생각하고 있어요.

동 모터에 대한 특허를 받았어요. 이후 자기 연구실을 꾸려 거기서 전기를 공기 중이나 땅으로 전송할 방법에 대해 실험했죠. 또 테슬라 코일을 발명했는데 이것은 고주파 교류 전기를 발생시켰어요. 마지막으로 달성하고자 했지만 슬프게도 이루지 못했던 목표는 바로 미국 동부 해안에서 프랑스의 수신국까지 뉴스를 무선 전송하는 것이었죠. 1900년에 파리에서 열렸던 만국박람회에 맞춰 이 기술을 실현하고 싶었죠. 어쨌든 1900년 3월 20일에 무선 송신 기술에 대해서는 최초로 특허를 얻었어요. 오늘날 이것은 무선 기술 분야의 최초 특허라고 여겨지죠.

티버더르 푸슈카시

영어권 사람들이 통화를 시작할 때나 직접 만났을 때 왜 '헬로'라고 인사하는지에 대해서는 다양한 설명이 있어요. 한 가지는 테슬라의 예전 상관 푸슈카시와 관련이 있죠. 1877년에 보스턴에서 일하던 푸슈카시는 전화기의 초기 모델을 시험하던 중이었고, 전화기 반대편에서 에디슨의 목소리를 들었어요. 에디슨은 푸슈카시에게 헝가리어로 '내 말 들려요?'라는 뜻인 '헐로드?'라고 말했죠. 여기에 대한 대답은 '잘 들려요'라는 뜻인 '헐롬'이었어요. 이 대화에서 '헬로'라는 인사가 비롯했다는 이야기가 있죠.

테슬라 코일은 1931년에 나온 아주 유명한 영화 「프랑켄슈타인」에 등장했어요. 프랑켄슈타인 박사가 실험실에서 괴물을 만드는 동안 이 코일에서 무시무시한 번개 불빛이 번쩍거리죠.

일렉트릭 기타

'음악, 더 크게요!' 이건 일렉트릭 기타를 발명하도록 자극제가 된 말이었어요. 일렉트릭 기타를 사용하면 소리를 아주 크게 키울 뿐 아니라 새로운 소리도 낼 수 있었죠.

지금으로부터 약 100년 전, 음악계에는 많은 변화가 있었어요. 빅밴드가 연주하는 재즈 음악이 인기를 얻었는데 이 음악은 정말로 커다란 소리를 냈죠. 피아노, 드럼, 기타, 여러 대의 트럼펫, 트롬본, 색소폰이 함께 연주되었기 때문이었어요. 하지만 슬프게도 이런 소리 큰 악기에 비해 어쿠스틱 기타는 소리가 작아 아예 묻히곤 했죠. 그래도 이런 상황에서 미국 텍사스 출신의 뮤지션 **조지 뷰챔프**는 '그러면 작은 밴드에서 연주해야 겠다'고 체념하지 않았어요. 대신 기타 소리를 크게 증폭시킬 방법을 연구했죠. 이리저리 고민하고 여러 번 실패를 거듭한 끝에 뷰챔프는 전자 음향 재생장치를 발명했어요.

조지 뷰챔프

아돌프 리켄배커

뷰챔프는 1934년에 음향 재생장치에 대한 발명으로 특허를 얻었죠.

오늘날까지도 쓰이는 이 방식은 작동 원리가 자전거에 달린 발전기와 비슷해요. 말린 구리 전선을 하나 또는 여러 개의 자석에 둘둘 감죠. (뷰챔프는 2개의 말굽자석을 사용했어요.) 그리고 그 사이에 기타의 금속 줄이 들어가요. 발전기와 마찬가지로 (바퀴의 회전으로 만들어진 에너지가 자전거의 전등에 불을 밝히듯) 기타도 같은 효과를 내기 위해 움직임을 활용하지만 이 과정이 사람 눈에 잘 보이지는 않죠. 이때 금속 줄을 튕기면 진동이 생겨요.

자석과 구리 전선은 전자기장을 형성하고, 음향 재생장치가 줄을 튕긴 진동을 인식해요. 보다 정확히 말하면 진동의 속도와 숫자를 인식하고 그것을 앰프(다음 페이지 참고)로 전송하죠. 이제 마무리로 앰프는 진동을 귀에 들리는 소리로 다시 되돌려 놓아요.

뷰챔프는 기타 제작자 폴 바르트, 발명가 **아돌프 리켄배커**와 손을 잡고 전기로 음향이 증폭되는 최초의 하와이안 기타를 개발했어요. 이 기타는 생김새 때문에 '프라이팬'이라는 별명으로 불렀죠.

뮤지션들은 새로운 발명품을 정말 좋아해요.…

비틀즈도 그렇고

뛰어난 기타리스트 시스터 로제타 샤프도 그렇고

척 베리도 그렇죠.

1950년대 초반에는 미국의 악기 제작자 리오 펜더가 자기 이름을 붙인 일렉트릭 기타와 일렉트릭 베이스를 만들었어요. 어쿠스틱 기타와는 달리 이 악기에는 울림통이 없었죠. 그 말은 속이 텅 빈 것이 아니라 몸통이 단단한 목재나 다양한 합성물질로 채워진 채 제작되었다는 거예요. 그런 이유로 이 악기는 소리가 조금 달랐고 튼튼해서 잘 부서지지 않았죠. 뮤지션이자 발명가였던 레스 폴은 이런 '솔리드 바디' 악기를 보다 발전시켜 제작했고, 이후로 온갖 종류의 일렉트릭 기타가 등장했죠. 예컨대 넥이 2개이거나, 줄이 6개가 아닌 7개거나, 심지어는 접을 수 있는 휴대용 기타도 나왔어요.

짐 마셜

기타 음향을 좌우하는 또 다른 요인은 앰프에요. 앰프 역시 전기를 이용한 장비죠. 여러분이 일렉트릭 기타로 연주되는 멜로디를 들을 때 그 소리는 악기에서만 나는 게 아니라 앰프에서도 나와요. 많은 기타리스트들은 앰프를 그저 스피커로 여기지 않고 악기의 일부라고 생각할 정도죠.

퀸의 기타리스트인 브라이언 메이는 십대 청소년 시절 아버지와 함께 아주 독창적인 일렉트릭 기타를 직접 만들었어요. 빵 자르는 칼의 날과 오래된 난롯가의 나무, 뜨개질바늘, 오토바이의 밸브스프링이 그 재료였죠.

세인트 빈센트는 상업용 기타 모델을 디자인해 제작한 최초의 여성 뮤지션이에요. 오늘날 전 세계에서 가장 인기 있는 기타리스트로 꼽히는 잭 화이트를 포함한 많은 뮤지션이 세인트 빈센트의 기타를 즐겨 사용하죠.

지미 헨드릭스(가운데)는 전 세계에서 가장 유명한 기타리스트였어요.

앰프는 어떤 원리로 작동할까요? 하나 또는 여러 개의 음향 재생장치에서 나온 신호가 특수한 케이블을 통해서나 무선으로 앰프에 옮겨지죠. 이 기술을 발전시키는 데 중요한 공을 세운 사람이 **짐 마셜**이에요. 음악 사업을 하던 마셜은 여러 뮤지션과 가까이 지냈고, 그래서 그들이 무엇을 원하는지 잘 알았죠. 마셜은 각종 앰프, 확성 장치, 이펙터 장비를 개발해 '음향 증폭의 제왕'이라는 별명을 얻었어요. 1960년대부터는 더욱 다양한 음향과 효과를 만드는 장비를 제작했죠.

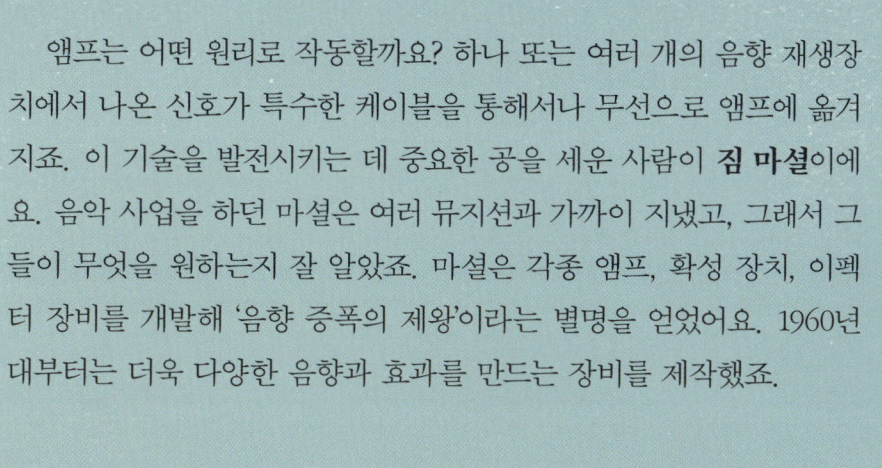

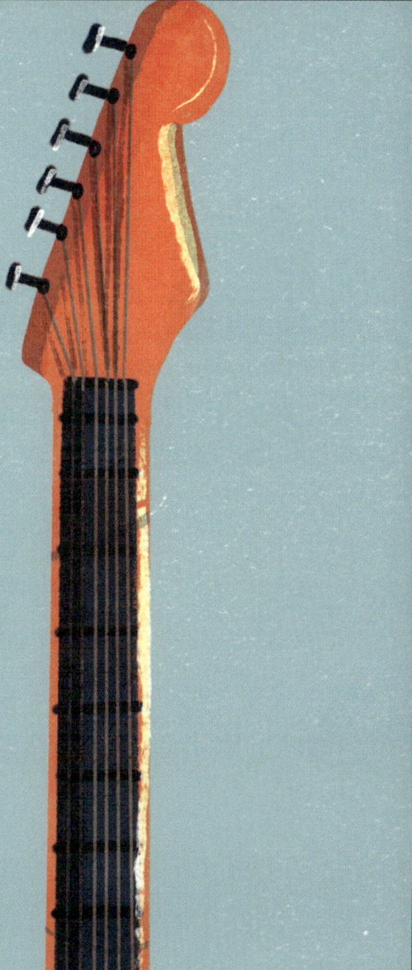

1976년에 영국 밴드 더 후는 126데시벨까지 올라가는 곡을 연주하면서 전 세계에서 가장 시끄러운 음악을 하는 밴드로 기록되었어요. 하지만 그로부터 30년이 흘러 헤비메탈 밴드인 매노워가 콘서트에서 음향 확인을 하는 도중에 139데시벨에 도달해 이 기록이 깨졌죠. 밴드 AC/DC 또한 약 130데시벨의 음악으로 경찰차 사이렌(116데시벨)보다도 시끄러웠으며 전투기와 비슷한 크기의 소리를 냈죠.

대부분의 일렉트릭 기타는 음향 재생 장치와 셀렉터 스위치가 여러 개여서 소리 크기와 음색을 바꿀 수 있어요. 아주 큰 소리부터 아주 작은 소리, 부드러운 소리에서 날카롭고 거친 소리까지 다양하게 낼 수 있죠.

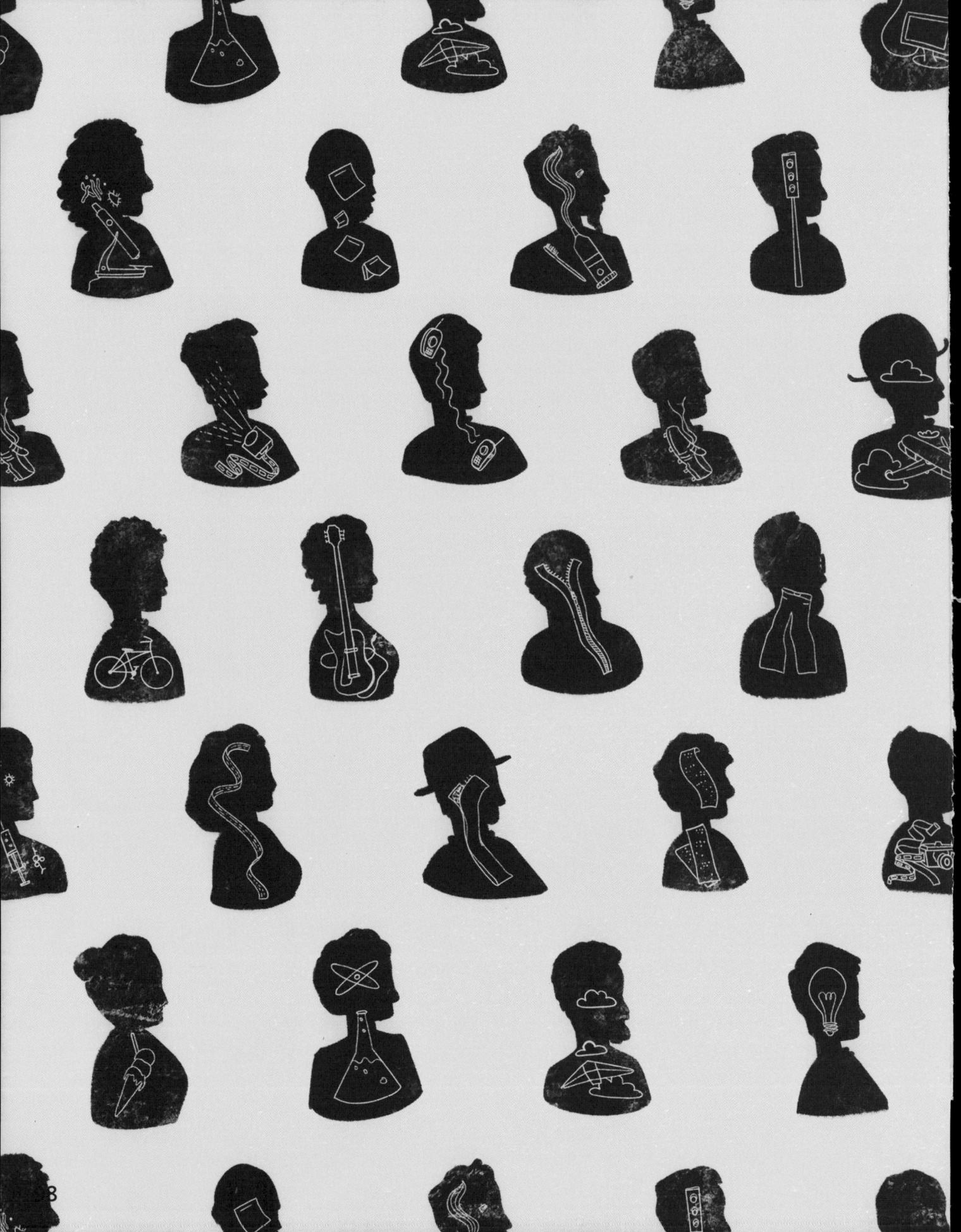